经济崛起与社会平衡

Economic Rise and Social Balance

张保德 著

上海人民出版社

“对于任何一门学术论题进行学术研究时，不能仅仅以现实概况为满足，应当阐明每一个别事例的真相而无所遗漏。”

——亚里士多德《政治学》

目录

前言……………………………………………… 1

第一章　用社会平衡经济发展规律解读中国………… 1

第二章　社会平衡经济规律理论的突破…………… 13

第三章　平衡经济学中的欲望经济理论…………… 22

第四章　平衡经济学中的信仰经济理论…………… 34

第五章　国家政治与市场经济……………………… 43

第六章　中国经济的定位与平衡…………………… 55

第七章　探索与发展崛起过程……………………… 66

第八章　改革探索、制衡与再平衡 …………………… 79

第九章　国家欲望推动下的经济社会…………………… 96

第十章　嫉妒、贪婪与自由、权力 …………………… 106

第十一章　诚信经济与欲望金融…………………… 122

第十二章　资本与人力资本…………………… 130

第十三章　新常态中的制衡型改革…………………… 140

第十四章　全面的供给侧结构性改革…………………… 152

第十五章　均衡经济发展，创新与砥砺前行 ……… 173

第十六章　中国模式与民族基因…………………… 184

第十七章　平衡经济学与科学社会主义实践……… 196

结论………………………………………………… 207

前 言

“进不去的城市，回不了的乡村。”唐教授要落叶归根，转眼他已离开上海30多年了。2016年，他在上海郊区松江新城买了一套很好的房子，花掉了他一生的积蓄人民币500万元。30年前，他离开上海移民美国，1996年他卖掉了位于静安寺附近的老宅，当时价值40万元。而在美国，他一直在大学教书，还算生活稳定，且有科研项目补贴，收入可观。现如今，女儿已成家。65岁的他梦想着回到已经发展崛起的故乡。这听起来是故事，其实这是中国改革开放40年的真实写照。

2018年，据官方统计，改革开放40年以来，已有近千万人移民海外。现在移民的人数还在增长。投资移民、技术移民等已是现今的重点移民方式。各种海外移民咨询办理服务公司、移民律师事务所等机构已经形成了一条产业链。移民律师说：“我们尊重移民申请者的内心选择。”

这是为什么？这就是平衡经济学。在中国改革开放的40年里，社会经济的发展伴随着你的选择，改变着你的命运，塑造着你的新价值和人生观。这不仅仅是你在改变，而是所有的人都在改变，是中国的经济和社会在改变。已站起来、富起来，还要强起来的中国人已具备了“走出去、走回来”的掌控人生资本和条件。

也许，你认为：这经济类的理论我不懂，也不感兴趣，其实经济学是研究人与经济社会交换、交往的关系和价值的理论。但不管你懂还是不懂，价值观都存在，都在改变着你的人生和命运。

也许，你还是一名就读的大学生；或者归国求职的海归学子；或是走过人生坎坷的中年人士；或是已退休在家颐养天年的人生看客；或是在职公务员、教师、医生，甚至是打工的工人或流浪者，你都想知道自己的命运到底掌握在谁的手里？

也许你是个改革开放的受益者、成功者，但你知道你的成功是因为你自己的大胆决策，是因为你有才华，还是因为天时地利吗？你能准确判断自己，给自己一个精准的定位吗？判断也好，选择也好，都是要遵循一定的事物发展规律。

社会平衡经济学从规律上能指导你从出生到坟墓的一切过程。人生离不开命运的选择，国家也离不开国运的选择，企业更离不开命运的抉择，管理与发展创新都遵循了这一规律。

本书用平实的语言、简单的道理，诠释了一个不一样的人、社会、事物之间集中于经济社会这个平台基础上的倾斜、失衡、制衡、平衡的发展过程。本书详细地告诉你，为什么同样的同学，离开大学校园进入经济社会的发展，怎么会有那么大的差异和不同。这就是自身的价值（相同）——使用价值（性格有差异略有不同）——交换价值（完全不同）。因此，这个社会的成功者都在走流通的路线，在流通交换的平台上得到价值的提升。这就是为什么许多学子到了社会上三年以后就显现出不同的人生价值。

国家社会也如此，是什么推动了中国经济社会的发展和进步？是什么让中国经济在40年的改革中超高速增长？增长背后的动能是什么？为什么其他类似的市场经济国家没有这样大幅度的提升？

回答这些根本性的问题，无疑会涉及政治、经济、历史、物质的正能量和意识的反作用力，然而，为什么会出现风水轮流转的差异呢？为什么会富不过三代？无疑是因为会带来正负能量的转化要素的平衡和失衡。沿着倾斜——严重倾斜——失衡——严重失衡的轨迹，你会读懂何为失衡、何为制衡、何为正能量、何为负能量。

山水有情，山水有能量。人有意识，人有能量。经济规律如何运行，倾斜和失衡是好事还是坏事，转化的能量来自哪里？是什么推动着制衡与平衡？失衡是发展，制衡也是发展。发展靠的是能量，还是资本，还是意识？

转运是在失衡和制衡之间，达到一种新的平衡，就是一种转运。国家有国运，企业有企业的命运，民众有自己的命运，三者之间的关系如何？当你拿到奥运金牌的那一刻，你是完全靠你自己的能力和努力吗？你错了。你最多占三分之一的能力和运气。而国运要占到三分之一或三分之二。你以为你能当上首富，是你的英明伟大吗？也错了。你充其量也只占三分之一的努力和运气，而国运要占三分之一或三分之二。你也许没有这样的意识和理念，那给你带来的只能是风水轮流转，富不过三代，甚至两代。这是社会经济运行的定律。如自然的发展只能走向崩溃，而有意识的调节、转换、制衡则会创造奇迹。

这就取决于你是否认识了这种发展规律。国家（政府）、企业、员工（民众），三者之间的主体地位有一个临界点，超出了就可能是越界或者走向反面。不要小看了三者之间的制衡要素，互为补充，才能形成合力（动力）。否则，便是失衡力（反作用的制衡力），也就会形成制衡转换效益。

各市场经济主体内部也存在着失衡与制衡。国家执政党内部的自我修复，就取决于制衡和限制要素，不断修复失衡，才能达到制衡和平衡，也就会不断强大和发展。

企业也是如此，要不断优化、组合、创新，管理也要依靠限制、制衡、调节、平衡优化。同时也有边界限制，不能越界，才能保持持久的创新优化发展。

员工，也为人力资本。资本无出身，在平台要素上，无善恶、贵贱之分。只有能力和创新成长之不同。特别是进入到互联网、人工智能平台，创新资本无价（技术资本），且能颠覆传统（有些公司只是一个创意，便领先一大批企业）。

个人的命运更是与这个时代联系在一起。你的选择、你的定位，无不与你的流通交换价值有关。诸葛孔明住在山村茅舍，却有刘备三顾茅庐请其出山。他在茅舍内体现不出其价值，但在三足鼎立的平台上，千军万马也不抵他一人之价值。

这也就是说，资本运作是有规律的。人力资本的运作也是有其流通曲线的。国家政府的权力运用既有边界，又有平衡要素。这一切都取决于社会平衡经济规律的调控作用。

社会平衡经济学包含了人的因素，即欲望经济学。其实欲望即是动力又是缺陷，也称为缺陷经济学。因为经济学中发挥作用的是人和自然、社会的经济关系。所以人的欲望中的动能要素就包括了喜、怒、哀、乐、嫉妒、虚伪、自由、诚实、信仰等。于是就有了建设、破坏、发展、倒退，以致崩溃和战争之结局。

也许你会觉得这也太跨界了。是的，经济学不能就经济讲经济，经济学离开了人就只能是纸上谈兵，离开了人的社会实践便失去其价值。

不忘初心，就是不能割裂历史；牢记使命，就是要完成担当。因此，本书从新中国成立后的“一五”计划写起，目的就是不能割裂历史，从中发现中国是如何站起来、富起来并开始强起来的。在此过程中，国家、社会所进行的倾斜、突破（失衡）、制衡（调节）、平衡；再从新的起点（新时代）上进行新的倾斜和突破（科技创新发展），以达到更高的平衡，即实现现代社会主义强国的复兴大业（中国梦）。

第一章　用社会平衡经济发展规律解读中国

人与社会、自然之间充满了能量的平衡与和谐。自从有了人类社会，人都与社会、自然紧紧地融合在一起。

十年前，我在人类学、历史学、哲学、经济学、心理学等各学科的学习研究中，发现人类社会的发展过程不仅仅是政治在推动，背后的经济利益推动还起了关键作用。马克思在《资本论》中论述和科学分析预测的是资本主义及其崩溃的原理。而且他预测的“社会经济均衡或是政治稳定都将变成奢望”，“即资本将不可逆转地不断积累”，“是一个没有天然界限的过程”。这是指欧洲工业革命时期的资本主义。当时还有大量掠夺和瓜分殖民地的行为存在。因此那时的资本的贪婪体现在掠夺、瓜分、占有资源和财富上，体现在一方对另一方利益的掠夺占有。这是一种失衡经济社会形态，但失衡却推动了经济社会的发展。同时也造成了巨大的两极分化。其实这就是失衡导致的经济危机。危机导致冲突和战争。战争结束后的利益格局被打破，以致重新组合社会。如古罗马、古埃及的灭亡就是利益争夺的结局。然而在马克思理论中，资本主义的矛盾危机不可避免，资本主义必将灭亡。也就是说：人类无法解决资本主义的失衡危机，即无法平衡。

马克思资本价值理论的发展，与社会经济平衡理论有相似之处，既适应和符合了那个时代，同时也指导了现代经济社会的发展。西方一些发达国家，特别是北欧国家的一些社会形态和模式，也反映出资本主义经济发展的高税收、高社会福利（社会公民的保障）的模式是缘于平衡经济理论。这与马克思经济理论中的创造、积累、分配和消费需求理论相似。

第一节　经济社会发展的二维定论

人类社会发展的物质观，让人类的发展过程成为不断认识世界和创造世界的过程。在这个过程中，人类也不断进化提升自己，由个体的单一的，到群体的有共识的，以致最后国家的建立，都离不开人类的生存欲望需要（追求）。说明人类从狩猎到生产的过程伴随着不断创新、进步与发展。这就说明人类发展和社会发展都离不开认识世界（意识和欲望）与创造世界（创新和制造）。

认识来自对世界认识反应、判断、思维决策的过程。创造是在认识世界的基础上的研究、实验、制造过程。

认识产生欲望，欲望推动灵感，灵感转化为行为，即研发出工具（包括设备）。工具又推动社会发展进步。这种人类从认识到创造的过程也是漫长的。在这个过程中认识和创造始终相伴而行。互为影响、互为作用。到底是先有意识，还是先有物质，其实并不重要。重要的是在人类大脑进化的过程中，认识能力和创造能力得到提高。有了开始也就有了过程，这个漫长的过程中是相伴而行。这就是人类社会发展的二维定论。

首先是认识世界的升华。即一切有生命的动物，对世界最基本的认识是生存需要。生命欲望的产生与发展，推动着人类从低级向高级认识发展。

其次是创造世界的升华。从最初的狩猎获取生存食物的本能（原始粗野性捕捉猎物），到开始利用石头制造石斧、石刀等简单工具，用其捕捉猎物（智慧狩猎）。再从集体狩猎到工具制造的进步与发展，有了弓箭等更多更实用的工具，以致狩猎的结果是有了剩余食物产生。

随着认识的升华，创造和制造也不断升华。最后认识和欲望上升到设计制度、形式、体系，即国家诞生了。认识和设计这些形式和制度的动力来源于对剩余物质（包括食物）的分配，即利益分配。这是认识的欲望已经升华到利益阶段。因此创造和制造行为也随着欲望的需求而不断设计制造出新的工具和产品。由此，随着剩余产品（物质）积累和增加，欲望的追求也不断上升；扩大疆土、扩大权力、增加财富成为人类无止境的追求。人类欲望（利益）推动下的行为转化成了社会进步的动能。

这种从认识到产生利益意识阶段，再到意识欲望，促进了人类创造阶段的二维形式的社会形态，推动了社会主体国家的建立。国家这个族群利益的共同体，即人类命运的共同体不是靠资本推动的，虽也有类似货币的交换媒介，但这种交换的市场是建立在双方族群的自然需求基础上的，还属于在最初的物与物的交换基础上的自然经济社会，并非市场经济社会（奴隶社会和初期的封建社会）。

真正的资本经济社会还是始于欧洲的工业革命。始于18世纪60—80年代的英国工业革命，其中具有代表性的特征是发明技术。例如，约翰·凯伊发明飞梭织布机使织布效率大为提升；瓦特发明蒸汽机引起一场欧洲划时代的技术工业革命；欧洲共同市场逐渐形成了。社会生产力的迅速发展，商品经济最终取代了自然经济。由手工工场进入到大机器生产的工厂，资产阶级创造了人类社会经济技术的文明，继而建立了欧洲市场和全球市场经济。同时，也形成了以生产力和生产关系为基础的市场经济主体。当时人们认识世界（知识、欲望和灵感）能力的提升，促进了发明、创造世界（新的技术革命）能力的飞速发展，改变了人类，也改变了世界。

第二节　经济社会的发展是失衡与制衡的博弈

资本的欲望表现出的贪婪，在推动经济社会发展的同时，也导致了社会的行为失衡（社会矛盾突出和尖锐，形成资本家与工人的对立），其结果便是矛盾激化爆发的经济危机。

在资本主义发展过程中，这种危机就没有停止过。只不过是危机的形式前后有所不同。而危机过后带来的大萧条更是造成了社会资源的严重浪费。马克思认为经济危机是“资本主义经济所有矛盾真正集中和强制调整”。其实就是一种制衡，是经济社会发展的失衡与制衡的博弈。

人类社会的发展也不是直线上升的。只不过是除旧迎新、危机处理的方式不同，当我们身处危机之中，很难看到出路。因为危机的过程很复杂，它改变影响着人们的思维方式、思想意识和政治倾向。危机会彻底动摇你的世界观，让你对这个世界和这个社会的制度、组织形式、社会关系等都产生新的认识。这种认识的影响无论是被迫的和自愿的，都要你重新适应事务新的状态。这是一种对危机（失衡期和制衡期）中的混乱世界的思考。

这种思考很痛苦。因为产生在与混乱的博弈当中，这是一种结构性的转变和体制性、机制性的改变。这种转变与改变要许多年以后才能完成。所以让你当时无法理解无法判断，只能是顺其自然。这也是资本主义社会有史以来，人们在认识社会上最痛苦最容易出错的思考和行为方式。

始于1929年美国股市崩盘的漫长危机，到20世纪

50年代才终于解除。而其间世界经历了20世纪30年代的大萧条，以及20世纪三四十年代的世界大战。20世纪60年代末浮现的危机期间国际货币金融市场的动荡，20世纪70年代布雷顿森林国际货币体系的瓦解（1944年建立到70年代初瓦解），国际劳工维权斗争使20世纪六七十年代世界上从巴黎到芝加哥、从墨西哥城到曼谷的街头事件不断。这种失衡与制衡的博弈（危机冲突）导致世界并不太平。

大量危机事件爆发前的征兆，能够反映出经济社会发展的迹象和规律。虽然原因众多，但都代表着资本的利益驱动下财富积累扩大，收入差距也同时加剧。失衡的财富积累和劳工阶层的收入不平等征兆在20世纪20年代的美国已经表现出来，同时房市出现资产泡沫到1928年彻底破灭，预示出1929年的股市大崩盘。事实上，在资本追求高收益而民众收入又被不断打压的过程中，便表现出消费需求的少数化。而大多数民众需求被打压扼制。在房市、股市上的需求断层，只占社会需求中精英富豪消费的10%—20%。其实就是失衡的积累。而由金融全球化的宽松货币政策过宽（失衡）而导致的国际金融危机中，以美国雷曼兄弟公司（投资银行）破产为导火索，触发金融体系崩溃，以致系列的相关联企业倒闭。

从以上这些案例不难看出，资本的体制出现了问题，特别是分配体制，以致在失衡的道路上越走越远。为了平衡消费，促进资本的利润保持稳定增长，利用金融杠杆给没有真实消费能力的劳动者以善意的谎言和金融支持。结果没能解决根本的财富分配问题，反而推动了失衡向崩溃发展。从中可以看出是思维出现了问题。

在资本体制出错的诊断上，世界各种经济学派意见不同，基本分为两大阵营。欧美国家延续了美国里根、英国撒切尔夫人、德国科尔领导时期兴起的和巩固下来的新自由主义、供给面和货币主义手段，强调紧缩措施，而中国则采用依赖债务融资的需求面的扩张版本。二者所采用的政策都导致了一种状况：使全球富豪榜的财富数字不断上升。相比之下，新增的财富并没有消除世界的贫困问题，甚至有些地区出现灾难性的恶化（如希腊、乌克兰等）。

这就是资本推动下的失衡与制衡间的博弈。各国都在寻找治理失衡的良方。显然资本主义的引擎出现了问题，世界经济普遍在下行当中。似乎传统的左派受到打击，反国家主义的新自由主义的右派观念也逐渐变得碎片化。而中国却在改革开放的经济发展中成功渡过了1998年的亚洲金融危机和2008年的国际金融危机，实现了成功转型。其中确是可圈可点，更多的是探索和改变。世界在期待着中国。中国的经济成功也需要总结和探索。

第三节 中国的改革开放与平衡经济理论

马克思曾经提出："我们的任务应该是改造世界。

而不是了解世界。”马克思更希望能穿透表象，真正了解资本的流通和积累。他认为有一些表象掩饰了基本事实。在中国经济的改革开放40年中，我们要承认自己经常看到的是征兆而非根本原因。在认识世界的过程中，我们必须承认，我们看到的大部分是表象。为此**我们必须穿透经常让我们困惑而纠结的混乱表象，揭开事实的真相，找寻社会经济发展变化的真正规律。有一位中国的海归建筑设计师说过："没有一种混乱是绝对的，在每个混乱背后都有一个看不见的秩序。设计师就要去发现理解这个秩序，并把它破译出来。"**

当我们身边的社会像万花筒一样地变化，受崇拜的并非只有金钱。社会轮流的崇拜，一会儿是“明星”，一会儿是“大师”，一会儿是“养生”，轮番地说教。其实，国家在探索，社会在探索，人们也在寻找，发生的、存在的、合理的、不合理的，真理在哪里？规律在哪里？

这一切的发生，一定有一个潜在的社会经济运行规律秩序在起作用。它引导、调整着经济引擎。它一定是一种动能。

透过表象的研究，**发现社会经济的发展变化是基于一种引擎的推力。而在市场经济条件下，最大的推力就是资本。资本在流通中得到升值，产生积累。资本背后的推力又是什么？资本背后是利益。那么利益的背后又是什么？是利益行为，利益行为背后那就是欲望。欲望无疑就是资本和引擎的推动力。**

然而，欲望又包含了喜、怒、哀、乐，以及贪婪、虚伪、嫉妒、仇恨、自由、快感等。这些虽然表面上看是属于心理学范畴，但它与经济社会息息相关。它也属于意识领域对市场经济的认知、感悟和追求。这种对市场经济的认知过程和升华理念形成了一个固化的思维。这种思维驱动着资本的走向和长度。由于欲望的无止境追求或无底线制衡的推动，资本在流通过程中追求无限大的投入和增长。随着资本积累财富的扩大，矛盾也就集中、突出、尖锐起来，也造就出一种差别和失衡。失衡必然要有制衡，而后再达到一种平衡。这种失衡和制衡之间的发展，形成了一种经济社会状态。即一种推动力和发展力（失衡与制衡推动着发展），也就形成了一种规律。它推动着社会经济的要素之间均衡发展。这其实就是社会平衡经济学。它以一种永恒的规律存在于经济社会之中。主要包括以下三种：

第一，失衡、制衡、平衡规律。

任何一个经济社会，都存在发展的潜力，即正能量（发展力）。人类社会（市场经济）好比一个圆，从圆心向外伸展，顺时针运动（经济属于流通过程），不断发展，不断增加财富。每发展到一个阶段的峰值（从经济增长到下滑），便会在经济社会的内部（国内失衡危机）和外部（国际上的经济金融危机）产生和集聚起负能量（制衡力为负能量）。负能量中产生强大的制衡力，于是开始了正负能量的博弈（经济危机处理）。矛盾和危机转化（制衡中达到平衡）或被消除，转而诞生出新的能量。即正负能量的转化，由原来的负能量（制衡力取胜）转化为正能量，原来的正能量（发展力、资本的能量）转化为负能量（落后产能、淘汰行业）。从而，人类社会又进入到市场经济的一个新阶段（新循环），周而复始。失衡与制衡之间的博弈也周而复始。这就是一条平衡经济学的失衡、制衡、平衡规律。

第二，中国经济改革与平衡规律。

我们解读中国的改革开放和经济崛起，要从认识掌握社会平衡经济学的平衡规律理论开始。这种对平衡的判断认识和把握是极其艰难的。因为它有一个发生、发展、变化的过程，而且很漫长。中国经济社会的改革开放用了 40 年时间，中间还经历了亚洲和全球金融危机，现在的中国已发生了巨变，一跃成为世界第二大经济体。因此，我们更有必要总结和探讨中国经济的改革发展崛起之路。

中国经济改革过程中也如图 1-1 所示，经历了社会的倾斜、严重倾斜、失衡、制衡的过程。这种过程是人类社会经济发展过程中必经的阶段，但是长短、控制的程度大有区别。为什么有些国家没有控制好就转向了严重失衡（俄罗斯、乌克兰以及埃及、希腊等）？就在于制衡的缺位和对失衡的放纵，以致历史上有些国家破产倒闭崩溃，这就足以说明这种制衡平衡规律理论揭示的是一种经济社会发展的普遍规律。关键在于经济社会主体之间的平衡把握，带有很大的人为因素。

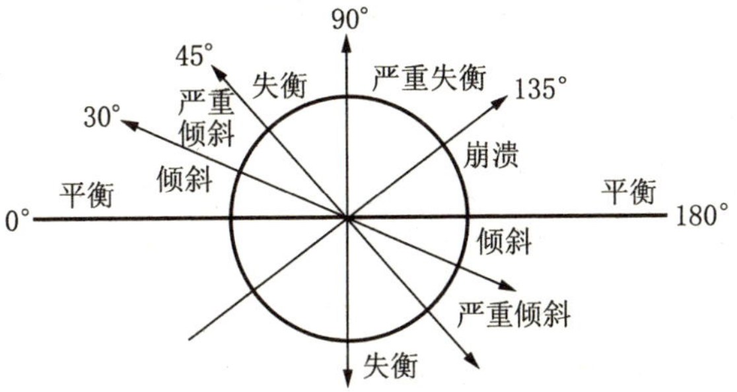

图 1-1　中国经济改革的平衡规律

0°—30° 倾斜突破：让一部分人先富起来

30°—45° 严重倾斜：国有企业股份制改造

45°—80° 失　衡：完全市场化、政府部分缺位

80°—90° 制　衡：供给侧结构性改革（制衡调整转型）

第三，市场经济的主体关系。

中国经济改革发展的过程中，在体制和机制上的改革体现出了世界经济发展过程的普遍现象，即资本的推动和倾斜。然而市场的主体关系并不清晰明确，存在着缺位和越位，这也成为了后来经济发展的主要矛盾所在。其中有三方面因素。

（1）市场主体。政府（国家）、企业、员工（民众）是市场经济的主体。即三位一体的市场经济格局。其中有异议的是员工，西方现代经济学中将员工列为市场经济的客体。即资源，也称人力资源。同时又称人力资本。然而资本又被划分到主体行列（矛盾）。所以这里存在着争议。

（2）**定位和边界（利益）**。

表 1-1　政府、企业、员工的定位和边界

	职能定位	边界
政府	负责平衡：协调　控制　服务 政治管理：包括保障民主、维护国家长治久安，文化建设管理，生态文明管理，社会建设管理及提供公共产品和服务 经济管理：包括战略规划、调整平衡、监管和服务 经济管理即市场主体定位	管理边界：政治管理即内政外交 主权边界：治理国家、守土有责 经济管理：边界到位不越位
企业	资本驱动下的经济实体。有完备的计划财务体系、产品研发制造体系、销售服务体系、自负盈亏、自主经营、自我运作体系 根据市场（国际国内）制定企业发展及资本投向、按照法律法规自主选择企业的经营模式	按照所在国法律法规落实到位而不越位和缺位
员工	人力资本 自由人：岗位职责：创造价值 社会职责：生育、发展、消费	遵守所在国法律法规和做人的行为道德规范（底线）

以上属经济定位（政治管理不包括）。从上表可看出，“小政府、大社会”的小政府是指政府的经济管理职能。政府的社会管理职能属于政治管理范畴。

（3）**主体的共性**。主体都是由人组成。体现了人的本能、欲望、价值。

因此，研究平衡经济学既要研究主体的职能，又要从人的本能欲望入手进行深入探讨、挖掘，从而寻找到影响经济主体发挥动能的背后因素。以上三位一体的关系，不存在谁对谁错、谁好谁坏，而是平衡与失衡的对应关系。

第二章　社会平衡经济规律理论的突破

中国已进入新时代飞速发展的今天，我们颠覆了过去经济学意义上的社会发展理念和阶段。中国的发展需要全方位地看待，这是与历史发展分不开的。

第一节　改革开放的探索

失衡，在中国人的理念中，似乎是与不好的事联系在一起，在文字上当成贬义词。而在平衡经济学里，没有好与坏、对与错之分，只有平衡与失衡的对应关系。

当我们用平衡经济学理论研究检测社会时，中国的经济发展和社会矛盾冲突反映为表象上的混乱，再次证明社会经济的发展充满了不确定的失衡与制衡，而且阶段上的失衡和制衡其实是一种平衡的制约因素在起作用。它同时推动着经济的发展和社会的进步。新中国从站起来，到富起来，再到现在强起来的过程也是一个不断解决发展与平衡矛盾的过程。

发展与平衡是矛盾的双方，其实也是两种要素在一个平台上的化学反应，是对立的双方，是正负能量的博弈和对决。然而在平衡与失衡过程中，世界正在发生新的变化，而你我可能还纠结于失衡的混乱当中，被表象所迷住双眼。当透过这种表象，按照经济学的发展要素去检验衡量其各要素之间的分化与组合时，可以发现这种失衡其实是一种增长、一种突破。在这个过程中，世界正在悄悄地发生变化，西方世界的失衡导致“旧世界正在死去，而新世界正在挣扎着降生，此刻正是恶魔的时代”（引自葛兰西语）。这就是失衡过程中产生的制衡。当中国开始崛起，而其他国家相对开始走下坡，总体的平衡被打破，即20世纪初西方世界（即欧美日发达国家）的富裕神话被打破，中国的崛起打破了世界的平衡。欧美40%—60%的富人遭遇了人生机会、个人财富和就业机会的危机，他们担忧中国的崛起和全球化会导致自己的孩子会过得不如自己，担忧自己的财富会减少，担忧中国人拿走了他们的蛋糕（财富）。因此，美国挑起贸易战的理由就是：美国在世界格局中失衡了，要通过制衡来达到平衡。当中国的企业家还沿用传统的经济思维时，平衡经济的失衡、制衡理论思维已经给中国和世界都敲响了警钟。

然而，中国的崛起也并非我们想象的均衡，而是在取得巨大成就的同时，依旧付出了利益牺牲的代价。在此笔者将中国的发展归结为阶段性的突破（失衡）和平衡，甚至是跨越式、颠覆式的超越。这种超越，已推动中国快速向发达国家转变。然而，中国仍然自认为是发展中国家，原因（依据）是中国的人均收入仍然排列在世界60位之后。

其实，这正反映出中国的经济发展理论的欠缺（缺少标准设计）和发展的不均衡。即国家经济发展实践超越了原有的西方经济学理论和马克思主义的经济学理论。但这未尝不是马克思主义在中国的探索与发展。

对此，笔者认为：这可以尝试用平衡经济学的阶段理论来进行解释。

由此理论可以得出，中国目前的状况是：第一阶段的思维理念和员工，第二阶段的国家基础设施和生产线（设备），第三阶段的平台（互联网）营销手段，第四阶段的人工智能已经在路上。2017年中国共产党的十九大上习近平总书记已经宣布：中国特色社会主义进入了新时代。即第一阶段的站起来，第二阶段的富起来，现在第三阶段的强起来。新时代实际上跨越了前两个阶段。

现阶段社会矛盾是：社会财富的分配理念和人工成本理念与现实的发展形成了强烈的反差，导致社会经济发展的思维与需求分配不统一，社会（国家）治理与民众自律不统一，地区财富差别、收入分配差别、理念差别的不平衡。对此，中共十九大定义为：社会主要矛盾已经转化为人民日益增长的对美好生活的需要和不平衡不充分的发展之间的矛盾。

我们的任务：就是要达到和完成统一（平衡），即解决矛盾。就是分清主次矛盾，重点解决不平衡的主要矛盾。

我们的主要矛盾是：三个阶段融合在一起，形成了阶段性的穿越，造成了超越发展过程中的民众从没有获得感到拥有看到希望的获得感。其实这更表现出发展理论的不到位，是处在探索实践过程中的表现。中共十九大的理论定调就是要解决发展的不平衡不充分不到位的问题。

中国的经济发展，对于全人类都是一个探索和奇迹。我们用了仅仅40年时间就实现了经济的崛起，其中必有规律可循。

中国崛起，验证了平衡经济学的理论。平衡经济学研究的是平衡和发展，验证的是平衡发展中的动能、磁场、环境、创造力和失衡要素及平衡点，特别是平衡过程的制衡尺度。

当中国社会被定义为“社会主义初级阶段”时，即阶段概念已经启用。那么，有阶段的概念，必然要有阶段的理论。有理论必将有平衡，否则此理论就无法成立。因此，**阶段平衡是发展中的平衡。即失衡是绝对的，当前的社会矛盾就是如此。平衡是相对的，阶段性的发展成就便证明了这个问题。平衡只能是阶段性的。同时又是发展进程中的动态平衡。随着发展的深入，也会产生新的失衡。**如技术的进步和创新是有利于解放生产力，同时又排挤生产力。这就是发展中的不平衡。

因此，**平衡与失衡是相互转化的**。必须把它放在某一阶段和节点中看待。离开了此阶段可能就会转化。即不能用现阶段思维理念去衡量过去的历史人物。否则，就犯了割裂历史的错误，这也是平衡经济学的重要观点。

第二节　失衡释放出驱动力

中国的改革开放是在原有的计划经济体制基础上的探索与改革。由最初的倾斜政策“让一部分人先富起来”开始，进行了一系列的经济改革实践探索。最初的标准非常简单，就是打破效率低下，提高产出效率，降低成本。然而企业的效率提升了，社会的成本也变高了。由于相应的制度机制没有跟上，导致改革发展的社会成本增加（失衡）。

当人们发现失衡之时，社会经济的航船已驶向了大海，前面迎上来的是冰山和暗礁。这时才发现我们的改革标准存在着缺陷。没有把制度成本、社会成本、诚信道德成本、生态环境成本纳入在检验改革的标准之中。

但这种缺陷代价的付出，让我们找到了真正需要的公平公正的检验衡量标准，**即从失衡——制衡——平衡的经济社会检验标准**。

改革的驱动力即中国经济高速发展背后的推动力。上文提到的社会经济改革检验标准的缺陷告诉我们，缺陷即动力，同时也存在着破坏力。这也体现了欲望经济学中的欲望推动理论（平衡经济学包含了欲望理论）。欲望本身就是有缺陷的，不完美的。但它的缺陷和差异化会形成动力源。在这种动力源推动下，会形成强大的利益推动力。这也是欲望经济学中的缺陷经济理论（它们都包含在平衡经济学中）。

利益是有倾斜和平衡之区别的。特别是在中国经济改革开放进入到胶着状态之时，政策的倾斜转向了市场经济主体的一方。而另一方则面临着被边缘化，即市场经济的社会主体之间利益失衡了。

但失衡会出现短暂的快速发展，这是利益欲望推动的结果。因此这个推动力是带有缺陷的失衡力，是单兵突破，而不是均衡发展。

平衡是在同等条件下的静态的融合。这种静态的融合在社会历史的长河中是短暂的。而失衡，则是动态的，是不断变化的，运动的，永久的。静态的平衡中其实是动能运动的集聚和储备，当寻找到突破口后，聚集的能量便会喷涌爆发，形成强大的动能，即驱动力。改革本身就是在平衡的基础上寻找突破，就是打破常规向前发展，就是进步。

第三节　主体失衡的双刃效能

主体失衡必然产生一种制衡的动能，没有动能也就不会失衡。这是一把双刃剑，正反功效同时存在。市场经济的主体之间，即主体要素之间是：政府、企业、社会民众（员工）。

经历了40年的经济改革开放后，回过头来才发现，社会的主流变了。即企业家群体的形成，在媒体和主流社会的推动下，成了“成功学”的代名词。同时，社会结构也发生了重大变化，主体结构变了，社会矛盾也就凸显了。当检验中国改革开放的最终成果时，发现与标准相去甚远。即成果分享的获得感失衡了。这就是主体元素的失衡。

当中国经济改革开放片面地宣传强调企业家的功效时，夸大了其功能作用（越界了）。市场的主体中弱化了亿万员工的作用（主体地位缺失、被侵占）。同时又弱化了政府的作用（政府在社会管理中缺位）。从而导致市场主体要素之间价值（利益）的失衡。有失衡，必然有制衡。制衡也是一种动能，是反向的负动能，是双刃效能的体现。

制衡之一，腐败。

市场经济的动力源是需求。然而需求并非完美，带有缺陷（欲望的贪婪）。需求的多样性是社会发展中的问题因素（缺少对欲望的管控要素）。需求也是双刃剑，市场经济的发展过程中，需求体现在主体上，便显现出了欲望和行为需求不平衡的一面，即权力制衡需求的扭曲。

当需求受到限制时，就会出现单一的需求，而不是多元需求。而限制的条件就是法律和法规。另一个就是货币。而需求的动因却是利益，也是欲望。当限制的条件不具备或不完备时（有漏洞），就会使需求产生无限制的放大。因而使需求产生破堤效应。

就腐败来讲，是源于权力的限制失控，也源于限制的条件法律法规缺失或不完善而产生的破堤效应。这种现象对整个中国的市场经济发展来讲，是一种制衡力，同时对于调动某些项目的积极性来讲，又是驱动力。总体它属于缺陷制衡（制衡了经济发展、产生假冒伪劣）的负动能。

中国改革开放以来的腐败现象，对政府是一个弱化，对国家是一个蚕食，对民众是一种侵占，其实是需求双刃效益放大，是公权力需求欲望边界被突破。这也是主体要素失衡。失衡的结果是公权私用，污染了社会环境，增加了建设发展成本。

制衡之二，社会发展制度设计与安排缺失。

当市场经济受到利益驱动而快速发展，在取得显著成绩时，宏观调控和民生保障安排却显得滞后，原先简单设想市场化后民生保障可以由市场平衡（这是一种对市场经济学的无知），却导致经济发展失衡。

这种失衡的突出表现：在缺陷驱动理论发展的过程中，缺陷产生的制衡因素增加了。如生态环境遭到破坏，雾霾频发，导致社会生态环境治理成本增加。对经济发展形成了制衡因素。教育、医疗、住房、养老等完全推向市场与飞速发达的经济形成了制衡。这就是欲望经济形成的缺陷推力（制衡力）。在短时间内缺少限制条件（法律法规等）的制约，而造成粗放野蛮生长的结果。这实际就是制度设计与安排滞后，表现出一定的不合理和公平缺失。

上述制衡因素并不能抵消整个中国改革开放的成就，但已经影响了中国民众在改革开放的成果分享方面的获得感（这也是感受上的失衡），从而形成了一股意识上的不满情绪（制衡力）。这就是阶段性的失衡和缺陷。然而这种阶段性的失衡出现在中国经济阶段性的高速增长（失衡增长）的过程中。当此阶段失衡达到一定的度（临界点）时，失衡力就会转化为制衡力。即失衡——制衡——转化——制衡力（负能量转化为正能量）——失衡力（正能量转化为负能量）——这就是从量变过程达到质变（转化）。这就是阶段性的失衡转化为阶段性的平衡。

阶段性的失衡，造成了经济损失和后来弥补这些失衡所付出的代价成本。现在，就是阶段性的转化制衡过程，即供给侧结构性改革，也是经济发展转型的重要节点。

第三章 平衡经济学中的欲望经济理论

平衡经济学是涵盖了欲望经济学、缺陷经济学等理论要素而形成的经济学理论，也是一种社会科学中的社会经济平衡发展学说。它囊括了欲望、需求、自由、权利、资本、生产、再生产、流通、交易、分配、制衡等要素。

第一节 欲望和欲望经济学

欲望是一个心理学名词。欲望的字面意义解释：由人的本性产生的，想达到某种目的的要求。欲望无善恶（没转变为行动前）之分，关键在于如何控制。欲望是世界上所有动物最原始的、最基本的一种本能。从人的角度讲是心理到身体的一种渴望、满足，是一切动物存在必不可少的需求。一切动物最基本的欲望就是生存与存在。满足与不满足，也是基本欲望即小欲。

人类的欲望是由人的本性产生的想达到某种目的的

要求。人类的欲望是多样的，生存需要、享受需要、发展需要构成了一个复杂的需要结构，并随着人们生活环境和时间的变化而变化。

欲望经济学是对经济社会发展、变化的过程中起推动作用的主动力进行诠释的学说，是指以满足生理欲望：食欲、物欲、金钱欲等为重点的经济形态的概括与阐释。如欲望产业的娱乐、休闲等门类，这属于纯精神消费的欲望产业。

欲望贯穿了人的生死。欲望第一是人类与生俱来的。欲望不死，精神不灭。抓住了欲望，就抓住了人的精神，就抓住了需求。

欲望是本能的一种释放形式，构成了人类行为最内在与最基本的要素。从管理学的角度看，管理者所做的就是管理和调动被管理者的欲望，平衡被管理者的欲望。

欲望是人类改造世界和改造自己的根本动力，从而推动人类进化和社会发展。在欲望面前，每个人都有可能成为俘虏。因此，不要把欲望看成贬义词，没有欲望人类无法前行，刻意抹杀和回避欲望也是一种虚伪，共产主义理想也是欲望，在这里理想和欲望同义，欲望和理想都是经济高速发展的推动力。

欲望即本能。它是有实效性的时间限度的。满足是有限的，不满足是无限的。它也是不断发展变化的。随着新的环境变化，新的事物产生，新的欲望也会激发出来。因此，控制欲望的过程释放，调节调度欲望，才是平衡经济社会发展的根本。

控制是为了防止欲望的过度放纵。调节调度是为了激发其动能。欲望不是绝对的、纯粹的东西，它具有两面性，既有动力性，也有破坏性。

改革开放的过程中，出现的种种动能（发展力），可以说与欲望经济有关。改革开放政策的红利，就是释放出欲望，形成一股强大的动能，推动了经济高速发展。

第二节　欲望发展的最高境界

如何控制调节、抑制欲望的增长与下降，其实也是平衡经济学要研究的重点。当人们面临生死考验之际，仍然能从容面对，大义凛然。这是抑制欲望呢？还是张扬欲望呢？经过对人的心理、环境及生理神经结构的研究，发现人的大脑神经中枢系统能控制人的一切欲望和行为。从而“在欲望面前所有人都是俘虏”之说并非绝对，是有条件的、相对的。那这个条件又是什么呢？对人类社会的所有行为研究后得出的结果是信仰。

当人类社会经济发展到更高阶段之时，即社会、市场经济、管理、调节调控理论都失效之时，起决定作用的就是欲望学和信仰学。欲望共分三个层次。丰子恺老先生就说过：欲望的三个层次，不乱于心，不困于情，不为将来，不念过往。笔者将欲望分为：小欲、中欲、大欲三个层次。有的学者将欲望划分为五个层次，即生存、幸福、自由、长生不老、驾驭宇宙。虽然这也是从低到高的欲望需求，但我认为这个五个层次都属于初级阶段的欲望需求，我称之为小欲。即划分如下：欲望的初级阶段（基础）、欲望的中级阶段、欲望的高级阶段（大欲）。

欲望的初级阶段（小欲）：是人类的生存、生长、幸福追求阶段。即衣食住行、吃喝玩乐、自由和幸福感，即满足现实需求的欲望。也称之为小的欲望。正是追求这种衣食住行、生活品质、自由、需求小欲望的满足而产生为之奋斗的创造力（改造世界的动力和改变自身生活品质的动力）。这种改造自身生存环境的欲望集中起来就是推动经济社会发展的动力。动力包括个体的和群体的，即个性和共性。当个体的欲望和群体的欲望形成共同的欲望追求之时，就形成了共同的欲望合力，即群体动力。当人类为了追求美好生活去认识世界之时，就形成了对世界及社会的感知和理解。在这种认识的作用下逐渐形成了一种追求和创造美好生活的动能，即欲望。

当呱呱坠地的婴儿的第一声啼哭响起，一个最原始而初级的欲望产生了食欲（要吃奶）。因而欲望也是需求。需求自然也有初级需求，即基本需求。这就是生存的本能需求，即初级欲望。欲望存在于每个人的大脑中，驱使着人的行为。人类发展是产生在人类个人欲望的基础上的共同欲望。共同欲望即人类群体的共同需求取向。在共同取向需求的作用下，人类才形成了改造世界、推动人类社会向前发展的动力。人类的欲望有着无限的潜能，在外界自然环境、社会环境的作用下（国家鼓励政策等）便会爆发出潜在的动能。这就是欲望的推动力。

当欲望得到释放和受到抑制时体现的结果截然不同，中国的改革开放释放了人们的需求欲望，挖掘出了创造性的潜能，驱动着中国经济发展和科技进步。同时也释放着中国人丰富的欲望联想、创意，从而推动中国的经济从低级的“三来一补”加工贸易到高级的互联网人工智能的飞速发展。因此，这是一种释放欲望基础上的革命，同时也属于欲望的第一阶段（初级阶段）。只是在第一阶段的各个环节中有其层次的提升。同时也分为个体和群体的，即个人的需求欲望和群体的需求欲望。而真正调动个体欲望而形成群体共同欲望的，才是社会发展的动能。如科技革命、产业革命、意识形态革命，即社会制度、体制机制的改革形成的社会进步和发展层次的环节。而且个体的欲望和群体的欲望之间还存在着驱动与被动、作用与反作用的关系，相互作用、相互影响、相互促进。

中欲阶段。欲望中级阶段即文化、艺术、学问修养阶段。当文化、艺术、学问、修养上升为超越生存基础的欲望需求之时，人的需求动力就已经脱离了低级的生存需求，而是进入到精神和意识阶段的文化需求中。它的驱动力便是以此为目标的文化、艺术、学问、修养需求欲望。

但是这种欲望需求要想进入一个阶段，必备条件是形成人类的一个共同欲望需求。即群体的共同需求。否则，只有个体的文化、艺术、学问、修养需求欲望，并不代表一个阶段，也成不了一个过程和时期。它的条件是全人类或局部一个国家或地区的经济基础保障和外部环境足以让你放弃小欲需求。在极大地满足了你的小欲需求基础上，才能形成群体的地区或国家共同的中欲需求。西方的一些国家，特别是北欧那些高福利国家，他们的社会福利已经满足了国民的基本生存需求保障，因此才会有部分或局部上升到个人和群体的兴趣爱好需求，即整体的文化、艺术、学问、修养欲望需求。全人类进入中欲阶段之时，也就是离共产主义社会非常接近了。小欲是基础，必须完成小欲阶段，才能进入中欲阶段。

大欲阶段。这是欲望的最高境界阶段，即信仰和灵魂。人类超越了现实的客观世界和精神世界，意识和需求服务于信仰和灵魂。这一阶段是对现实世界的超脱，也是需求主义支配下的灵魂自觉地开悟和提升。即无阶级、无利益、价值与行动在灵悟的信仰状态下产生的自觉工作与学习的提升。动力就是超脱世俗的永生价值观。

现实当中的“无欲则刚”：其实这个“欲”指的是小欲望。而大欲望则是信仰。这就是没有了小欲望，就会成就大欲望（信仰）。

“大公无私”：其实就是有大欲而没有小欲。即大公指大欲望信仰（国家、人民）。

“万事皆空”：其“万事”指小的欲望生存需求。“皆空”即没有为空。

“大爱”：指对国家、人类、社会的爱，是内心神圣的欲望价值追求。

小民趋于小欲（衣食住行、吃喝玩乐、生存需求）。

君子趋于中欲（艺术、学问、修养）。

圣人趋于大欲（信仰、未来、灵魂感悟）。

第三节　欲望释放出中国经济改革动能

20 世纪 80 年代初的中国，弥漫着一股发展的热情，迅速形成了开放大潮。当时的东南沿海，特别是靠近港澳的广东珠三角和靠近台湾海峡的福建沿海，以来料加工生产服装、鞋帽、玩具和电子产品为主。通往内地的批发和零售的利差竟然达到 50% 以上（当时是稀缺经济）。相配套的物流运输、商旅服务也带动起来（初级的）。巨大的利益诱惑下，人们纷纷谈论着如何致富。用当时的一位老干部的话说：“党的改革开放政策，竟有如此巨大的威力，所有的人都调动起来了。”其实这是党中央改革开放的英明决策，激活了人们心中内在潜藏的需求欲望，迅速形成了一股强大的动能，在全国形成了改革开放的大潮。多年后，我见到当时的这位老干部时他回忆道：“我当时组织政治学习开会时，我们党政机关三百多人的大礼堂，我在台上读《人民日报》，感觉台下怎么这么安静，当我摘下眼镜向台下观望时，发现最后走得就剩下三个老干部坐在台下陪着我，其中有两个已经睡着了。我也该离休了。这就是我当时对国家的政策并不是真的理解，现在看，没有改革开放的好政策，哪有今天的好生活。”这位老干部也是我的一位老领导，这是他10年以后的回忆，也是我的亲身经历。这就是那个年代人们追求美好生活的欲望释放，改革开放的政策解除了人们的担忧，给人们吃了一颗定心丸，释放了人们的欲望潜能，这种欲望同时又感染了所有的人。但它更让那些先觉醒起来的人们先行动了起来。

其实当时人们手中并没有多少钱，都是亲戚朋友间的融资。当时做生意还有一大部分是靠打白条，并不是付现钞。当时中国的市场金融还没有完全形成，因此并非是资本和金融推动的，而是欲望推动的，而调动欲望的则是改革开放的好政策。当时许多港台商人前来开辟大陆市场，将为海外加工的服装、电子产品等转售给内地代理商多数是以代销的形式。

中国经济改革开放大潮推动力的形成：是党和国家审时度势，抓住了中国人生存欲望（民生）需求这个牛鼻子，“贫穷不是社会主义”，调动和引导人民群众的需求欲望，使国家的需求与国民的需求相统一，达到了一个突破点和平衡点，所以才掀起了滚滚的开放大潮。

政治属于制衡要素，是有定位和边界的。一旦放错了位置（错位）就会产生负面的制衡力，而非推动

力。但它是有平衡条件限制的，任何政策的制定与颁布，都是有双面效应的，平衡或失衡。在市场经济领域的实践中，政策效应会更加明显，因此政治是有制衡边界的，是把双刃剑。正负效应，其实就是平衡效应。政治可以抑制欲望，也可以激发欲望，释放活力，这就是动能。

欲望具有影响和传导（感染）效应。改革开放初期，欲望的需求被激发和释放，欲望又驱动支配着人们的行动，同时国家的社会资源也向城乡各个行业全面放开，加之政府实行分权制的（中央与地方）的经济审批管理模式，迅速地激发起地方政府之间的竞争意识和财富增长意识（特别是对地方政府官员的 GDP 考核）。于是欲望推动着各级地方政府追求经济的高速增长，使中国经济改革开放的闸门彻底打开了。

第四节　欲望的失衡与制衡

中国经济的改革开放释放出了中国人所有的智慧和才能，并不断挖掘提升，让世人无法想象。即便再有想象力的大师也不会想到一个拥有庞大的 13 亿人口的大国社会，会爆发出怎样的光芒和辉煌（成就）。

改革开放初的中国社会，如果说只是一个追求美好生活的欲望释放。那么 40 年后的中国，无疑是中华民族血统基因的回归。五千年的中华文明经受了漫长的失衡和被改良，在资本主义（帝国主义）的钢铁大炮面前，落伍了、退化了。但这并不表示中华民族的基因流失、潜能的流失，历代的民族伟人们让这个国家基因和血统得以保全，以致传承至今。

中国人的欲望中带着一种感悟和创造的内涵在里面。这就是中国经济改革开放后，政策红利释放出的需求欲望的推动和提升，而且，这种推动和提升是全方位的。中国人全面创造和发展了中国的市场经济，改变了中国，也让世界都为之惊叹！这就是从个性欲望提升到共性的欲望需求过程。共性欲望即民族欲望，也称为共性的群体欲望。

从单个的个体欲望来看，表现出的都是万花筒式的差异性。由最初的追求财富欲望驱动开始，曾经被禁止和绝迹的黄赌毒等欲望产业一度死灰复燃。在经济领域的金钱欲望驱动下的人性，也失去了新中国建立起来的价值标准。欲望驱动着资本，资本驱动着交换，交换升值的空间里已找不到原本纯真的味道。都已是被加工过（添加了色素和添加剂）的副产品。于是我们追溯交换空间、产品的出处才发现，这一切都是在流通交换的过程中失真（失衡）的。于是反映在社会现实中的就是：道德失真（缺少信仰、缺少社会道德），个别极端地追逐利益。诚信失真（金融、房地产等），信贷基金、股市、理财、房地产等行业中人为地创造了市场需求、出现了缺少诚信等种种现象。其实在一百多年前英国工业革命的《红与黑》时代也是如此，这就是中国人的欲望失衡的财富观(贪婪的一夜致富梦)所致，也是阶段性的制衡缺失。欲望催生了异化消费，中国将世界奢侈品价格推高了近百倍。在西方人眼中，中国人对奢侈品具有格外的偏好。其实是全社会的个体上升到群体的共同欲望，体现出欲望动力催生的异化消费和失衡的攀比消费观念。这是阶段性的欲望失衡表现，它也是一把双刃剑，即拉动了欲望需求(形成产业)，又促进了社会的反思。单消费也就罢了，只是一种需求的满足。然而出现的私欲膨胀，是一种市场经济主体越界(法律边界)的失衡行为，即私开乱采、破坏环境、强拆破坏(保护建筑)等造成生态环境的严重破坏。高度发展的经济和高度污染的环境形成了阶段性写照(失衡)。

中国共产党的伟大就在于拥有自我修复能力。党和国家(政府)是市场经济主体中的核心引领和制衡、监管的平衡者。如仅仅是“小政府”或“守夜人”，放任资本欲望的疯狂，就是政府的缺位。而资本(企业)的无视生态环境和国家(包括所在国)的法律法规，就是企业主体的越界。缺位和越界都属于失衡(包括异化消费行为)。为此，当这种失衡已遭受到大自然的惩罚时，已经是临界点了。主体的职责再不履行，势必走向严重失衡和崩溃(临界点即是预警信号)。

于是中共十八大以后展开的全面制衡措施(反腐败控制欲望、供给侧结构性改革等整治失衡)，就是政府的补位和到位。同时进行纠正和限制，严罚严管、规范企业的行为(监管、控制企业超越边界的欲望)。让越界的企业主体退回到自己的边界（去产能、去库存、去杠杆），对失衡的社会再生产进行补救（改革加投入教育、医疗、住房、养老等），使中国经济回到良性的运行轨道上来（主体归位、均衡发展）。这就是中国经济改革的失衡与制衡过程。

第四章　平衡经济学中的信仰经济理论

信仰，从人类社会形成以来，伴随着生存法则的产生而产生。从原始社会的集体狩猎开始，便逐渐产生了狩猎规则。随着人类社会的发展以及市场经济形成，由小规则逐渐上升为大规则、大制度及国家的法律。其实这些都是有形的规则和法律。然而在人类的长期进化过程中，逐渐形成了一种文化，这种文化就是引导和控制、平衡人们之间关系的准则。即道德准则和发展进步准则。这种准则超越了现实社会和经济发展，便成了一种理想和愿望，这就是信仰。

第一节　信仰与诚信经济

信仰，是人类灵魂的标准，是对某种主张、主义、宗教、某人或某物极其相信和尊敬，被作为人们行动的指南和榜样。

现实的信仰是动力源的最高层次。它不能被称为阶段，而只能作为社会发展的团体核心价值观而存在。从科学性来讲，它是一种客观存在，是社会发展的价值规律。许多信仰崇拜是对善恶报应规律的相信，是国家、政党、社团、企业文化的一种精神支柱，也是超越了物质需求的动力源。我们不可否定，当个体面临生死关头，支撑自身义无反顾勇往直前的就是信仰文化的核心价值观或称其为大的欲望。人对现实的付出与追求及牺牲都归结为大的欲望（信仰）需求。因此，在经济管理的经营实践中，核心文化价值的差异就是大欲的塑造和追求。这也是领袖、政党、国家、企业家和宗教及社会团体成功与否的衡量标准，因此也贯穿了人类的始终。

当中国的改革开放经历了40年的变革发展，创造了人类历史上的经济奇迹之时，我们沉浸在自豪的成就感中。然而，我们依旧面临着社会发展的深层次问题，即信仰的局部缺失和社会诚信道德有所下降。因此，众多专家学者和社会有识之士提出社会顶层设计和道德的重塑。其实这也是面对失衡后的结果反应。

现在，社会又面临着经济的发展与增长的速度问题。是增长还是倒退？如何增长？如何着陆？

中华民族本来自古就传承着一个“诚”和“信”。从私塾教育的四书五经传承中，从头至尾都充斥着“仁义礼智信”的五常之道。这是起码的道德准则，此理论成为中华民族构建人类社会和谐关系的基础。自古经商者，都以诚信为宗旨，传承天下。百年以上的老字号（老店），只有“诚信”才是他们能够传承的共性。

经过40年飞速发展，中国在社会体制、经济运行机制、社会的服务体系建设等方面都取得了惊人的成就。特别是外在的国家基础设施建设和城市建设。然而经济领域的飞速发展（外在的）和内在的（人的内心）信仰和价值观却没有实现内外统一。许多学者和理论界都在探讨这是为什么？

但我们在探讨发展动力和发展速度时，遇到的最大难题是诚信经济和欲望经济的平衡经济学问题。因此，当我们将40年的发展案例摆到面前时，进行全方位的检查测验，其结论如下：

欲望经济（个体欲望）——共同欲望（动能）——高速发展（欲望推动）——调整转型（三去一降一补）

诚信经济（调控）——平稳发展——品牌——长期效应

欲望，特别是群体欲望的动能是推动中国经济高速发展的源泉。而信仰、诚信则是一种调控手段，虽然在与欲望的较量和博弈中败在了阶段性欲望的后面。但最终的结论和长远的发展以及大自然带来的惩罚让这两种模式出现了鲜明的对比。即发展的持久性靠的是诚信、道德、自律（信仰）。诚信即是自控性的约束机制。

其实，在20世纪六七十年代，新兴经济体巴西和其他拉美国家的突飞发展，也是受到政府市场经济改革状态下的欲望驱动。然而90年代初的巴西巨大的投资吸引力中，西方热钱涌入带来欲望的贪婪和释放出的大量流动性，推高了巴西的出口。巴西失衡的经济在投资的拉动下，矿石产品和植物的出口占到了80%以上。在一些新兴市场经济体进行增速调整的作用下，依赖出口的“巴西奇迹”迅速受到影响，使巴西到了贱卖市场和贱卖资产的地步。这就是欲望经济推动下的“巴西奇迹”，膨胀的群体欲望（国家欲望）现在的结局。这种奇迹只适用于短期的、局部的增长，无法适用于可持续增长。

信仰，属于大欲，也是建立在物质基础之上的，并非与经济无关。满足了小欲的基本生存需求后，才升级到中欲，以致大欲信仰。在放弃小欲望（眼前利益）的基础上，才能成就大欲望（可持续发展）。然而，社会没能提供满足生存需求的保障，就片面地强调信仰，如何能解决？这是一对矛盾，是失衡状态下的不平衡矛盾。一方面市场经济社会充满小欲望诱惑，另一方面生存需求的保障要个人来完成。这是信仰的基础，首要是吃饭，满足了生存需求，才能上升到中欲的兴趣爱好需求和大欲的信仰需求。

正是因为我们是为生存需求而奔波，小欲望盛行于世也就不足为怪。它感染形成了群体性的小欲望动能，即社会性的共性动能，因此由小欲形成的社会经济共同增长的加速动能占了主导地位。

信仰可细分为三个层次。

初级的信仰。即诚信自律（追求真善美）。这是信仰的初级阶段，这是做人的本性的真实存在（不虚伪），涉及每个人的个体人格。

理与法（自我约束），即中级的信仰。它是用社会及历史传承的道理法则和法律规则严格遵守和履行着主体（集体和个人）操守，维护着社会和市场的秩序及良俗。使之社会和经济有规则地运行(良性循环)。

神圣是信仰的高级层次阶段。它已深入个体的灵魂维度以及过渡到整体世界的升华和超越,也是人智慧潜能的深层次挖掘和探索,即智慧的感悟。

我们经济发展的同时需要恢复基础的诚信。让人与人之间在以诚信为体系的框架内进行经济运作。其实是最基础的诚信意识的自我约束,以保持经济的可持续发展。

同时,这种诚信单靠自律是不现实的。必须加强法治规则的制约机制建设,使所有社会的发展、经济的运行都在法理规则的框架内有序运行。目前我们的诚信经济已经有所失衡,平衡的标准就是全社会自上而下地恢复诚信。即政治管理讲忠诚、经济管理讲诚信,加强法治、规则和控制体系建设和管控提升工作。因此现在的转型调整期实际就是控制和调节欲望动能,限制其无序发展,建立诚信道德的平衡经济秩序,使失衡的经济回到平衡有序的轨道上来。即供给侧结构性改革就是纠偏和制衡,同时加上人工智能的发展让非诚信找不到生存的空间,从而诚信的社会形态进入新时代。

第二节　欲望和需求代替了信仰

当市场经济发展进入一种胶着失衡与制衡博弈的阶段时,整个社会的经济学术界及产业界都对此问题争论不休(需求和信仰)。到底存不存在欲望动能?还是所有形态都来源于需求？其实争论的焦点是对经济发展的肯定与否，即经济财富获得的手段是与非的争论。

首先，在这轮发展中获得大笔财富者强调的是“需求第一”的论点。其实信仰也是一种需求，它是以大欲望为基础的精神需求。这里的“需求第一”主要指小欲望生存需求。不管获取自然资源、改变生态环境，还是雇佣劳动者，他们都笃信“需求第一”的法则，即有需求就可以成交。其实跨国企业也在用第三国的低工资吸纳第三国的劳动力。

其次，欲望是建立在需求的基础上，市场空间里有欲望需求，似乎就合情合理。

然而，中国的市场经济与世界上的其他国家相比有其基础上的差异性（包括法律有漏洞）。中国是在新中国成立初期的社会主义建设基础上形成了现在的市场经济国家经济体系和机制。这就导致新旧理念上的差异。当经济发展取得一定成效之时，自然开始寻找新的支撑点和动力源。因此，中国与日本等其他国家都不同。因中国既有历史的传承，又有现实的方向导引，也就是信仰的引导（不管你信不信这个信仰，它在人们心中都存在，而现实当中却难寻。这个信仰就是真善美）。

问题是出在导引上吗？中国政府制定的发展战略目标是让人民摆脱贫困，过上幸福美好的生活。具体目标就是要分三步走。第一步的解决温饱已经实现。2000年中国已经胜利实现了“三步走”战略的第一步。第二步目标，全国人民已总体上达到了小康水平，人均GDP达到了9000多美元。第三步是要在2020年全面实现小康。即将超越中等发达国家程度，迈向现代发达国家行列。从2020年到2050年完成中国的现代化。此目标和导引没有错，且成为各级政府考核GDP的手段和标准。问题是实现目标的手段。过程和结果带来的偏差体现出跳跃、跨越方式，这就是问题所在。战略目标是正确的，实现战略目标的战术手段是把双刃剑，为了实现GDP和财富的增长，采取的手段是偏重单方面的个体（局部）利益的突破，而忽视了整体利益的保障。这种目标实现的过程既造就了国家经济的高速发展，但是也带来了民生利益保障的失衡。GDP达标了，经济实力也增强了，财富也有了，同时发展的过程也导致了生态环境、自然资源遭到破坏，从而形成了不平衡不充分的社会矛盾。重要的是在思想意识形态，以需求为导向的信仰金钱至上的价值观竟然一度盛行，导致社会劳资矛盾紧张。

其根源都在于信仰“需求第一”价值理念，影响了国家和社会的行为准则，缺少社会经济平衡理念。追求价值欲望又促进了对实现目标导向的需求。即导致了过程、手段不重要，而结局（需求的价值）重要。其实是把两个概念混淆了。

第三节　信仰形式和宗教

在中国经济的改革开放初期，人们像百米冲刺一样进入经济主场。当抢到第一桶金的人们开始提高他们的生活质量时，他们的消费欲望暴露出了他们的人生格局（偏好）。这一波人中，许多人选择的是买房子或造房子，继而推动了中国第一轮的房地产市场经济的发展。到1998年亚洲金融危机时（资本投资中间断层），中国沿海开放城市的第一波烂尾楼出现了。此时也倒闭了一大批先富起来的企业（企业家）。于是他们开始躲债，逃亡海外或异乡。最后还是靠政府接收这一波的烂摊子（治理整顿）。

这批人开始重新思考，他们中有一些曾是有异化的消费需求心理和不择手段的致富经历者，当危机来袭之时没能躲过这轮风暴，而遭受重创。于是社会第一轮的“大师”出现了，于是“信仰经济”又出现了。在沿海开放城市的珠三角、长三角、福建沿海刮起了寺庙热。从而在进入90年代的时候，建寺庙成了企业家的追求，甚至一些地方政府的官员也热衷于此。僧侣数量需求也不断攀升。

形式上的宗教和外在的信仰都来源于对自身利益（财富、仕途）的护佑。这无疑成了一个信仰产业的护佑经济。而且城市间的经济发展竞争也演变成了信仰竞赛式的竞争。例如：中国在评选旅游城市时的标志（如三亚的南海观音、无锡灵山大佛等）。从形式上看中国人并不缺信仰，而且从资本投入上看也是全世界最多的国家（多是民间个人和企业投资捐助）。从旅游角度看是促进了地方经济的发展（旅游收入包括衍生商业收入），但它完全变成了一种地方的经济招牌。

那么资本的格局是否改变了呢？可以说是有所改变。当第一桶金含有赎罪感时，一部分人已放弃了许多，他们开始做慈善、用捐助来弥补。还有一些人已到了晚年良心发现，退居田园。更多的民众开始反思，寻求慢生活和幸福感。这其实是失衡—制衡—平衡的过程。

这就是一种对欲望信仰失衡后的自律制衡（信仰回归），是寻根问祖，是人们的一种反思。这种反思也很好地配合了国家的经济改革转型发展。在信仰与宗教间找到了一种心理上的平衡。然而这种平衡的真正恢复不是短期内能够实现的。

第五章　国家政治与市场经济

中国是一个有着五千年灿烂文化历史的文明古国。自秦朝统一以来，在维护主权和国家管理方面，中华民族经历了各王朝政权的起落与更替，以及命运的兴衰。人类从没有停止对生存和发展的追求与探索。而世界资本主义社会的实现也是人类历史上的一大进步，使人类生存自由进入到一个新阶段。然而，资本主义的发展也是残酷而漫长的，其中也伴随着掠夺、奴役、剥削和殖民及战争。

第一节　国家政府

国家，从概念上讲，是一个政治地理学名词，是由领土、人民（民族、居民）、政府三个要素组成的。在社会科学和人文地理范畴，国家靠领土和边界区分。20世纪初西方学者（法国、德国）就创立了国家三要素的理论，强调了政治权力与领土、人民的统一。即在一个固定的领土范围内的人民（同一民族或多民族而有共同的认知、认同感），行使着一项合法的共同的政治权力，这个共同体便是国家。从而国家与权力分不开了。于是，国家的领土主权、民族主权（即人民的权力，指现代国家）、政治主权（合法的政府）便在国家的领土内外体现出来。

一、国家机器

国家，我们身在其中。但社会的发展进步，却让我们对国家的认识越来越模糊了。原因是改革开放以来，在经济理论界和学界，引进西方的经济理论，宣扬“小政府、大社会”的观点，其实是在用片面生硬西方经济学模型套用中国经济社会。

我们研究的是学问，是经济学门类的社会科学，需要我们把它放在社会要素和经济要素中进行阐释分析，认清产生这些异化观念的根源和真相。

国家机器，从其字面意义上看，是指国家像一部机器。然而机器需要有动力和能量，动力和能量来源于机器各系统组成。如动力系统、牵引传输系统、工作执行系统、操作控制系统等。国家这部机器也是如此，有强大的动力系统，即国家的总目标和总任务，又称国家活动前行的方向和推动力。这也是国家的职能（功能）。同时还有牵引传动系统，即自上而下的行政管理体系（执政党的组织系统权力和对社会行政管理权力），也有工作执行系统（社会的经济体系和文化、教育、医疗、保障体系），也有操作控制系统（平衡制衡体系、司法和军队）。

政府在这里的内涵是政权之府、政治之府。于是，它的管辖职能就是政治管理（包括社会和经济）。

二、国家的权力

国家的权力就体现了国家的组织形式，即管理形式和结构形式。国家政权形式是国家本质的表现，必须适应国家的性质。即国家政权形式是国家政治制度的主要内容，通常由国家宪法确认并受到国家法律强制保护。

国家的基本权利：

独立权。指国家有权按照本国的意愿处理内政外交而不受他国干涉和控制的权利。

平等权。指平等地享有国际法上的权力和承担国际法上的义务。平等享有代表权、投票权、缔约权、竞争申办权和荣誉权。国家之间不存在管辖权。

自保权。指国家的自我保护和防卫权利不受侵犯。即国防权和自卫权。

管辖权，指国家对其领域内一切不享有特权与豁免权的人、事、物进行管辖的权利。包括属地、属人管辖权和保护性、普遍性管辖权等。

三、政府职能范畴

中国政府的职能概括为：

（1）保障人民民主和维护国家长治久安。

（2）组织社会主义经济建设。

（3）组织社会主义文化建设。

（4）加强社会管理和建设（提供公共服务）。

（5）加强生态文明建设。

政府是国家的行政机关，政府职能是指政府依照宪法和国家的法律法规对国家和社会公共事务进行管理时应承担的职责和所具有的功能。政府职能反映出公共行政的基本内容和活动方向，即职权范围和边界，也是政府行政的本质。

政府的职能具体归纳为：

政治职能。即管理和治理（统治）职能。执政党的执政职能就是为维护国家统治阶级的利益，这是最大的政治。对内维护社会秩序，保护国家安全和维护国家利益。具体为：军事保卫守护主权；对外交往联络；治安管理；民主政治建设；社会管理。

经济职能。是指政府为国家的发展、建设实施的对国家社会的调控平衡管理职能。现中国实行市场经济。作为市场经济主体之一的政府主要有三大职能：宏观经济规划、发展、调控、平衡职能；社会再生产（提供公共产品和民生保障）服务职能；调节监管市场职能。

文化职能。其实文化职能也是政治职能的一部分。是指政府为社会提供符合国家性质要求的，并能提供满足全体社会成员日益增长的精神文化需求的文化产品，并依法对文化事业（包括产品）实施监管平衡，协调社会和经济的文化发展。具体包括：指导推动科学技术的发展；促进平衡教育发展；繁荣文化事业；推动保障卫生体育事业健康发展。

社会职能。即社会公共职能。是政治治理的延伸功能。包括：中国全覆盖的社会管理组织体系（公共服务架构）；社会再生产（民生）保障体系；监管保护自然生态环境和提供健康清洁生存空间（水、空气）的职能；平衡调节人口结构及素质提升的职能。

从以上这四项职能看，其实归纳在一起，就是两种职能，即政治职能和经济职能。其中文化和社会管理都属于政治职能范畴。这样，政府的边界就清晰了。笔者这里阐述的是经济的主体，即市场经济主体的定位和边界。从定位和职能上看边界，进而分析判断到位、缺位和越位。

第二节　政府与市场

政府与市场的关系，自新中国成立以来，经历了漫长的探索与实践。中国的几次经济转型和社会变革都围绕着这个主题进行，即完善中国的社会主义经济体制问题。对政府与市场的关系问题进行研究，其实就是平衡与制衡的问题。政府的权力和政府的规模大小都由平衡的力度和效果决定的，同时也是一个量化的动态指标，是由国家性质决定的。

一、理论定位的缺陷

在政府与市场关系的理论问题上，公认存在两种缺陷理论：一个是市场至上和市场万能，结果导致市场失灵，另一个是政府至上和政府全能主义，结果导致政府失灵。这是经过改革开放的探索已被彻底否定的理论。近年来，原有的市场经济理论中政府的定位问题的缺陷也暴露出来。经济理论界对市场经济中政府的定位不准（缺陷），一些学者认为是政府顶层设计不到位。确切地讲：政府不是万能的，政府也要听取采纳理论界的建议，进而推广实践。而实践的过程也是一个动态的应用检验过程和改进修正过程。其实，中国的市场经济发展并非是设计出来的，而是人民在实践中探索创造出来的。

理论的定位缺陷表现为："小政府、大社会"理论缺陷。"小政府"的定位应该指政府的经济职能，而理论界混淆了政府的全部职能；政府的政治（社会）管理职能，与小政府的经济管理职能不能混淆；理论界混淆了政府的全部职能为"小政府 "，其实是忽视了政府的平衡作用，导致政府的管理缺位，即失衡。

二、理论混淆的背后

穿透"小政府"理论混淆的表象，挖掘出内在的真相，这是中国经济学界的职责。许多社会失衡，被异化的过程中表现出的政府缺位，甚至越位，都与政府在市场经济社会中职能定位不准、不清有关，使政府在改革开放过程中出现了短板。同时社会不是真空的，政府缺位，必然有人补位。这种被人补位后出现的结局就是利益集团、帮派。学界就要承担理论指导失误（理论与实践的反差）的职责，从而证明西方资本主义的理论或左或右都与中国的市场经济社会实践有不同的反差，只能吸收适应的部分，去掉不适应的部分，不能全盘吸收，而我们本土的市场经济理论必定在改革开放的实践中诞生，必定与市场和国情相结合。平衡经济理论并非是中庸理论，它的制衡与平衡，来不得半点虚伪，否则就会付出代价。

中共十九大后的新时代理论定位，让理论界开始重新研究探讨国家政府在领导管理市场经济社会中的准确定位。政府准确地抓住了“不平衡不充分”这个当前的社会主要矛盾，展开了全面地制衡与平衡，中央进一步完善了监察体制和巡视制度。新一轮的政府改革完全以对国家和社会的平衡为主要职能确定权力的边界。

三、理论缺乏是失衡的根源

理论指导实践是不容置疑的。那么，有正确的理论必然产生正确的实践。错误的理论必然产生错误的实践。我们改革开放40年的探索，换来了理论的更新和完善。

由于改革开放之初没有适合而完善的符合中国社会经济的理论，必然影响探索与实践。靠“摸石头过河”探路，借鉴西方市场经济理论，这是对的，也是肯定的。但出现了将凯恩斯主义和西方自由资本主义的理论全盘地引进中国并照抄照搬的情况。结果是出现粗放式的发展经营与破坏环境和资源，局部领域形成了“金钱至上”的价值异化理念。

第三节　政治与经济的双轨驱动

我们从国家的管理权力与职能中，精确地理清了它的政治职能和经济职能。同时，也从职能中量化出在市场经济社会建设与发展中，政府的双重功效管理。这种政治和经济的功效是可以量化的，而且是互为动能、互相促进、协调、平衡发展的。同时，也必须将职能区分开管理，避免混淆。

一、政治使命职能

西方世界自结束王权统治的世袭政权后，进入资本主义社会以来，反映在社会上的变化就是政治。政治的突出表现就是政党的产生。马克思认为：政党是在阶级基础上产生的，现代政党是阶级的领导者。

然而中文中的“政党”一词始于《论语》：“君子群而不党”，以党为不良。封建社会一直有党禁，这时的政党并没有改造世界、改造国家和民族的主张及政见。主要体现的是朝廷内部的党派的权力之争，并没有走出皇权的范畴。如历史上的士大夫与士大夫分党派以争夺政权，后面都有一个皇子或嫡系族亲。

现代政党最早诞生于英国。1640 年英国君主制改革，形成了宫廷党（保皇党）和民权党两大派系。到 1688 年英国革命后，两党支持在英国实行君主立宪制。保皇（宫廷）党定名为英国保守党，民权党定名为自由党，并行成了轮流执政的惯例。

随着资本主义和近代工业革命的发展，不同的社会体制内，代表着特定阶级利益的精英和积极分子集中起骨干力量，建立起有着特定政治理念的社会团体，即政党。他们有特定的政治目标和意识形态（信仰）。政治目标就是建立本阶级的政权，而政党就是政治斗争权力控制的主体。欧洲各国政党的都是在长期的斗争中通过暴力革命推翻旧政权且夺权后发展壮大起来的。世界其他各国政党也多是在民族独立运动中产生的。无产阶级政党也同样通过武装斗争夺取政权后而获取执政党地位。

政党在夺取政权后，它的使命并没有完结。这仅是第一步，而政党的政治主张、纲领目标都是在巩固政权的基础上，完成纲领目标的使命。因此，政党的使命就是其政治职能。

政党为完成使命目标而进行的统治任务，就是维护国家社会的稳定和发展。具体到职能上就是推动和促进社会进步和经济发展。在推动的过程中就离不开社会管理体系和功能对国民经济发展的促进与平衡作用。因而体现出政党的政治管理（统治）与经济管理（平衡）关系是融为一体的，既有分工（独立），又有重合（统一）。

二、政治不是摆设

马克思说过："政治是以经济为基础的上层建筑，它是经济的集中表现，以政治权力为核心的各种社会活动和关系的总和。”

经济是社会交往不断发展的产物，是社会交往不断趋于规模化、标准化、程序化、清晰化、精准化和条款格式（条文）化的结果。社会交往的发展产生了社会管理，社会管理是“关于社会交往的规则体系”。政治又是社会管理不断发展的产物，它是社会管理不断趋于规范化（标准化）、规模化、程序化、清晰（透明）化、精确（准）化和条文（条款）化的结果。

社会管理可分为规范化的社会管理与非规范化的社会管理两种类型。其中，规范化的社会管理就是政治，非规范化的社会管理一般是指民间管理。

因此，政治的本质就是规范化的社会管理。小政府真正的含义是经济管理，而非社会管理。否则就是无政府（政治）阴谋。

当一个国家重经济而轻视政治之时，就是社会管理倒退之际。此时的经济自然缺少制衡约束的限制，而造成粗放式开发建设和经营。社会管理也将出现管理不到位，甚至混乱和失衡。

政治是经过“规范化”处理以后的社会管理，具有科学性、程序性、公开性、透明性。其管理的主体和被管理主体之间有着明确的权力和义务，范围、力度都由国家法律规定明确下来，公开透明。

经济是规范化的社会交往，在整个社会交往过程中，经济占据了主流部分。

由于社会管理的本质是“社会规则体系”，政治的本质也为:“经济的规则体系”。市场经济离不开社会,市场经济也不可能脱离社会规则。因此,市场经济法则中就包含了社会管理规则和市场平衡规则,这才是一个完整的社会。政治在社会管理中起着约束、规范、平衡作用。市场经济在发展过程中起着决定和调节作用。二者缺一不可。

三、执政党在社会管理中的核心作用

从经济学中分析经济社会的发展过程,特别是市场经济的背后动力形成是资本决定(推动)的,资本的背后是利益推动的,利益的背后是行为推动的,行为的背后是欲望推动的。那么针对欲望产生、发展、推动、调节、制衡、平衡的社会因素就显得非常重要。

在欲望的三个层次阶段中,从小欲望生存需求到大欲望信仰和灵魂,能够完成平衡调动、调节制衡的需要,是一种欲望管理。而在现代社会中能够起到管理欲望和调动欲望的工具有两种,即宗教和政党。

然而在社会管理和经济管理中最主要的管理是人的管理,而人的管理重点在人的行为管理和预防。

预防的职能不是市场能自动平衡的,这涉及如何调控人的欲望,也就决定了对国民的教育和引导。而导向教育的职能只有政党和宗教能够实现完成。这就是欲望管理、调节、平衡的职能作用。中国共产党通过其自上而下的组织体系实现了其核心价值观教育的引导职能。

因此,在宏观经济学和经济管理学理论中注重对人的管理，即人的欲望管理，由于资本的逐利功能，导致人在利益驱动状态下改变意识的几率提升，欲望的驱动力形成，因此，靠市场功能无法调控、平衡欲望需求的缺陷。而政党的核心作用恰恰是对市场经济的平衡。

从行为经济学角度看经济社会，体现的是发生时。而行为产生前的欲望条件则是主因和动力。管控、平衡欲望则体现在信仰领域。信仰领域渗透影响到人类生活（政治经济）中的作用是指引和改变人的行为。而信仰领域内除了宗教就是政党。在世界上各国的政党也并非相同，西方资产阶级政党多是为取得执政地位的选票而迎合选民的需求，并不能够领导和平衡社会发展和人民的真实欲望。

然而中国共产党则完全不同。中国共产党的信仰是其发展目标和纲领，即使命和责任。在其执政以来，就以坚定的信仰和使命担当，以思想意识（欲望）教育引导为宗旨，即欲望调控平衡为手段（思想政治工作），在世界政党中发挥到了极致。

当世界在探讨挖掘中国崛起的模式时，中国的关键要素是执政党不能和经济崛起分开，它是导向和领航，同时又与市场主体协调平衡。中国执政党的导向与平衡作用就是其核心作用。核心，就是事物的中心点或重量的平衡点。制衡和平衡都取决于这个点，这就是执政党在社会管理中的地位和核心作用，它使市场各要素之间都能找到准确定位和平衡。

第六章　中国经济的定位与平衡

前文重点论述了平衡经济学中的欲望、需求、信仰、缺陷和失衡及制衡的初级概念，在这一章要详细展开论述其成因和结局，并寻找其特点和规律，以找到调控、平衡的方法和手段。

第一节　欲望与利益的平衡

经济学是一门实践科学体系。然而经济学在社会实践中往往被现象掩盖了真相。这又涉及方法论和本质的挖掘，其实这又属于哲学范畴。经济学的宏观部分离不开哲学的方法论："联系和必然联系，即整体和局部联系的必然属性。"而微观经济也离不开个性和共性，其实这就是平衡。

无论经济如何发展，都必须遵守其运行规则。而这种运行规则包括：价值规则、成本规则、需求规则等都是互相联系的、整体性的。任何割裂开来，只讲其一，不讲整体，都将导致偏差。

欲望与利益需求既有相同之处，又有不同之处。欲望追求的是满足感，利益追求的是标的和方向（财富值）的实现，且追求的路径各有不同。欲望和利益的共同之处都是有上限的。因此这就需要制衡和平衡。

经济平衡并非一开始就设定好框架和结构，像造房子一样按照设计图纸逐层建造。经济结构的平衡涉及人和物及自然环境和资源。平衡也是动态的、相对的，而动力源恰恰是在动态的不平衡中。中国改革开放之初的经济政策正是打破了这种平衡，让一部分人先富起来的倾斜政策促进激发出了动能。其动能也是相互联系互为作用的。不能单纯地强调某一方面，而是要全面地看待分析，才会更加完整。这就是平衡。

第二节　利益的定位与平衡

新中国成立之初，就确定了人民民主专政的纲领和目标。虽然在处理最高纲领和最低纲领关系时发生了失误，但是最终目的是要代表和服务于最广大人民的利益。这也是奋斗纲领，也是中共的一贯主张，特别是中国共产党八大为探索中国自己所走的建设社会主义道路，奠定了良好的开端，并确定了国内（大陆）主要矛盾是人民对于建立先进的工业国的要求同落后的农业国的现实之间的矛盾，以及人民对于经济文化迅速发展的需要同当前经济文化不能满足人民需要的状况之间的矛盾。当时的任务就是解决这个矛盾。这其实就是一种利益的平衡。

利益属于结果，而对利益的驱使即欲望和需求。国家对此目标（人民的利益）的定位，决定了调动个体和群体的欲望和需求。欲望和需求在这里就成为了动力。因此新中国成立初期的社会主义改造运动和完整的基础工业体系建设成就，已超出了世人的想象，令当时世界震惊。

中国能从一穷二白的落后农业国，恢复到能自给自足并拥有初级综合工业体系的国家，在当时鲜有其他国家能做到。由此分析其动力源：对国家的定位准确（有高度和前瞻性），就是推翻“三座大山”压迫后，将中国统一为真正的民主共和国，即生产资料全民所有制的社会主义国家。

可以说，这种定位符合当时那个阶段的民众意愿和需求，调动和平衡了人民的欲望。这就是当时最直接最切合实际的国家和民众的需求欲望，即国家、民族要独立统一、自强，民众要安居乐业，满足其当时的生活需求。这就是从战乱的废墟中站立起来的民族需求。这也是当时的国家、民族、人民利益所在。

因此，当时“解放区的天是明朗的天”是建立在群体共同欲望和需求利益基础上的，激发出了巨大的动能。治理战争创伤、改造民族工商业、建立起初级的国家工商业体系和社会管理体系，仅仅用了十几年中国就发生了翻天覆地的变化。连当时的联邦德国和日本都还没有完全恢复过来。这就是阶段性利益的国家定位平衡准确的结果。

第三节　政治格局与经济发展的平衡

社会经济的发展带有突出个性特征的阶段性。而阶段的定性定位，又取决于国家对当时的国内外政治、军事、经济、科技、教育、人文的认识判断。因此，研究经济离不开哲学的认识论和方法论，必须全面而有机地结合认识判断，进行由表及里的分析论证，才能推理预测出这个阶段的精准定位。定位偏了，自然社会在经济发展实践中就要受到来自社会经济发展过程中的偏离结果的惩罚。所以定位也是动态的、发展的、可变动的。不能一成不变，否则就会出现失误和偏差。

定位，就是定目标和方向。首先要定好阶段性的目标和方向，其次才能确定长远的目标和方向，也就是定平衡点。定准确了，就平衡了，否则就失衡。

发展是由失衡到平衡，又从平衡进入失衡而再平衡。这其中就少不了制衡的元素，制衡是平衡的手段。否则就不是发展，而是停滞。

在社会经济发展定位中，起决定作用的是社会的主体。市场经济的主体是由政府（国家）、企业（企业家）、员工（民众）组成的。在此主要谈平衡的决策方——政府

（国家）。即国家的政治格局非常重要。忽视了政局的平衡与稳定，将会一事无成。因国家（政府）具有社会经济发展的战略定位、决策、平衡、监管、服务之功能。因此，政府的决策管理格局决定了经济的平衡与发展。

政府对经济社会发展的判断又取决于对世界发展趋势和本国国情的认识、分析、判断。如中共十一届三中全会作出的“全面改革开放”的历史决策，就是对当时中国失衡而下滑的经济进行调节与制衡转换，符合了当时时代的特征和发展趋势，是顺应了历史潮流的政治（制衡）刹车和经济调整。然后这种政策又刺激起民众的个性需求和欲望，接着进行群体的需求调整（改革开放大讨论），统一全党全民的思想，从而形成群体的共同欲望需求，产生出发展经济的强大动能，这就是当时政治格局形成的“以经济建设为中心”的统一认识格局。

继而沿着这个思想认识定位，发挥市场的经济主体作用，才有了后来的政治全面刹车（拔掉经济领域的定海神针）和调整，形成准确的认识格局。经济上才实现了全面发展，激活了中国这个超级新兴市场。进而实现了调整（制衡）到平衡，得到了利益（财富）的平衡收获。

第四节　市场主体与市场运行规则的平衡

中国确立了社会主义市场经济国家的定位，那么就要尊重市场经济发展的规则。

中国就像一艘巨轮，航行在浩瀚的大洋上。航行是有规则的，有内在和外在的条件规则的制约。只有符合这些条件遵守这些规则，才能顺利到达彼岸。否则，即使到达了彼岸也要付出高昂的成本和代价。这也是平衡法则。

航行需要遵守气象规则、海洋水域环境规则、物理化学对船体的侵蚀（船体保养）规则，还有各种国际公约（包括危险品运输航行条例）等。如没有遵守这些航行的规则，就将使航船的寿命和航行受到影响，而且要付出更高的代价。社会经济运行也是如此。

市场经济运行的规则是个系统的、联系的、全方位的运行体系。企业在发展运行过程中，只遵守企业的成本法则、利润法则而忽视社会的成本法则和社会的利润法则，那最后就会形成小河有水大河干涸，大河沙化小河也不能幸免。

现在中国经济总体实力增强了。总量上来了，但个别的质量还有待提高；产能升级了，但效能增长的幅度并不高；经济布局和格局有了，但整个布局的合理程度却有待加强；国家的财富（包括企业财富）增多了，但人民的财富获得感却很低；经济升级了，环境却恶化了，交通拥堵了，民生问题增多了。诸如此类问题的出现都源于对经济运行规则的理解出现了偏差（失衡）。这些失衡都倾向了个体的利益，而忽视了整体的利益。其实这就是一种经济失衡。当国家开始纠正这些失衡，即制衡时，便产生了反对者的声音：什么“崩溃论”“倒退论”“环境恶化论”等都出来了。

这种失衡有两方面因素：

（1）**暴露出市场经济主体理论的不适应**。原有的西方市场经济主体把企业和企业家（生产所有者）列为主体，而员工却是市场经济的客体（即自然资源和人力资源）。这就对我们的市场经济理论提出了一个挑战。即员工不仅是人力资源（客体），同时又是人力资本（主体）。忽视了员工的主体地位，员工自然找不到改革开放的获得感。

（2）**单纯地强调企业和企业家的主体地位，忽视、甚至反对政府和员工的平衡作用**。这样势必形成了企业（主体）越界。忽视甚至是刻意侵占了国家利益和员工利益，造成整个社会经济发展的失衡。

平衡利益关系，也是对市场经济主体的公平排列。这也是认识发展过程中的个性和共性之间的关系作用，即个体和群体之间的相互作用与反作用。对于尊重市场经济的规则不能有选择性，即对自己有利的就遵守，短期（现实）无利的就放弃。而对国家、民族、社会、历史、生态环境等就可忽视而不顾（不遵守规则），反而用强调个性（企业利益）有用的规则来抵触国家和社会的规则。这就是市场经济主体运作的失衡（越界或缺位）。这种失衡给个体（企业）带来了利益（第一桶金），减少了企业的成本支出。然而社会成本支出却加大了，导致社会经济发展的失衡。

第五节　政府与社会的平衡

政府和社会的平衡涉及宏观和微观两个方面，即宏观定位和微观定位。

宏观定位：国家政府的宏观平衡，即政策导向。当改革开放政策释放的红利惠及每个人时，激励和调动的欲望动能是差别不大的，但欲望行动的结果是千差万别的，如一部分弱势群体（老弱病残）和弱势行业。这样不平衡就出现了，即不平衡的责任由谁来负更加合理的问题，这就是市场的缺陷，它不能解决一切问题，在世界上所有的市场经济国家都是由政府来平衡此问题的，即国家社会保障。这就是政府的宏观定位。

微观定位：政府平衡社会的功能体现在微观上就是具体的操作执行行为。如社会保障、民政救助、教育、医疗、社区服务、养老体系、再就业服务体系等项目的投入支出占国民经济的社会发展总支出比例，即体现在政府实际平衡上与宏观平衡政策是否一致。

以上这是定位，读者问：关键是定位的依据如何把握？这就涉及我们要实现一个怎样的社会？社会力量的对比平衡度非常重要。

中国经过40年的改革开放发展，社会结构发生了重大变化，已从贫穷到接近和达到小康社会，但社会结构存在失衡，即贫困阶层仍然占比较高，而中产阶层占比不够，且不稳定。而理想的社会平衡结构是：两头小中间大的社会人口格局，即中等收入阶层占70%以上。这样的平衡社会结构标准，就是国家政府制定政策的定位标准和目标。所以中国的改革开放仍然在路上。

第六节　国内与国际的平衡

中国经过40年改革开放的发展，已经完全融入国际市场。中国经济由过去的关起门来搞建设时期，到现在形成：在国际市场中你中有我、我中有你地完全融合在一起的格局。然而，这种与国际接轨的融合也有平衡在里面，从国家角度要有大局观和战略格局，并非是单纯的商业意识。进入2018年后，围绕美国“贸易不平衡”论的中美贸易摩擦事件，成了2018年国际问题的焦点。

中美贸易问题是国际经济的结构问题。这是一个宏观问题，也是国内和国际市场经济的平衡问题。这个问题要用平衡经济学观点综合来看，其一，看结构是否平衡。中国的出口加工贸易反映的是产业链对美的顺差，中国处于亚洲产业链的末端，从亚洲多国进口零部件，加工完成后对美出口成品。从平衡点角度看是东亚产业链对美的顺差。其二，如果看国民账户恒等式，等式的左边是经常账户，等式右边是政府赤字、投资和私人储蓄，现在美国财政赤字在扩大，财政赤字越大，经常账户逆差也会越大，美国的投资在增加、储蓄率在下降，经常账户逆差也都会扩大。根据这个恒等式，美国的贸易逆差问题是自身的问题。其三，我们看贸易要平衡地看，不能只看货物贸易，还得看服务贸易。美国在服务贸易方面有比较优势，中国对美国服务贸易逆差增长很快，过去十几年年均增速接近20%，去年这个逆差超过了380亿美元，金融业进一步开放之后，美国还可以更好地利用比较优势，所以商品和服务贸易加在一起，两国的贸易关系是平衡的。而美国隐瞒了服务贸易，只讲商品贸易。这样是美国在片面地强调失衡，其实这两项加起来从中国看美国是绝对平衡的。

中国很多产品的销售都是通过美国的跨国公司在中国的分公司进行的，当我们看中美贸易失衡的时候并没有把这些包含进去，如果我们把这个考虑进去，可能看得更全面。能认识到这个结构性问题，并且是个长期的问题，所以我们才能更平衡地看待这个问题。

国际贸易平衡问题，一是不能强调单方面的利益，要互惠互利。二是遵循贸易公平的国际规则。所以中国与国际的平衡问题，在贸易上集中反应特别突出。而且在贸易的数字上又是一个不断的变动的动态过程。所以我们计算的方法就是贸易逆差不等于利益逆差，中国商务部《关于中美贸易关系的研究报告》显示，全球价值链中贸易顺差反映在中国，但利益顺差却在美国。

所以，研究市场经济不仅仅是资本的价值理论，更要考虑平衡经济理论，缺少了平衡，我们就会出现失衡问题。从国际贸易上看。西方资本主义遵守的是平衡理论，而西方向中国宣传的却是价值理论。在国际贸易上，关税平衡、贸易平衡、利益平衡等等都离不开平衡经济理论。

第七章　探索与发展崛起过程

市场经济社会离不开法制体系的建立，法律体系是市场体系的规则和平衡发展的标准。中国在市场经济转轨实现过程中，随着国家（政府）、企业、员工在经济发展运作中的实践探索，不断地认识和建立完善的中国市场经济规则和法律。

中国的社会经济改革改造是伴随着探索和反思进行的。它是一个整体的系统，其开始要从新中国成立算起，这个关键点不可抹杀和割裂。同时又与中华民族的五千年文化血脉相传承，加之吸收了西方的经济和科技，使其成为新中国经济发展的基础和现今市场经济的源泉。

现今中国经济体总量已位居世界第二位，贸易总额全球第一位。改革开放后的高速发展，到底源于怎样的经验和模式？世界各国的政治、经济、思想界的领袖和学者们都在探索，中国的模式到底是什么？

当谈到现今中国发展的成果，政治、经济、思想各界一致认为得利于改革开放。而老百姓也为之兴奋。但谈到过程，不免感慨和辛酸。其实这是中国共产党人一代接一代的探索之路，充满了成就，但也存在着失衡。

第一节 失衡理论下的欲望

中国自1978年中共十一届三中全会后的农村改革开始，走上了经济体制改革的道路。从计划经济体制逐渐过渡到有计划的市场经济体制和完全的市场经济体制。特别是在苏东剧变后，中国的经济体制改革加快了步伐。尽管最终取得了巨大成就，但过程并非一帆风顺。在初期，由于对国际上东欧剧变的判断，中国在改革力度上出现了急于求成的状况，忽视了不同政策在不同地区、不同素质人群及不同执行者之间的认识和反应，以致政策的初衷与结果大相径庭。

为什么出现这样大的反差？除认识上的不同外，还存在欲望追求的动因问题。这就是当一套看似很正确的主张和政策，落实到不同的人群当中，会产生不同的效果。因为人不是机器，人是有思想、有欲望的。因此，在相同条件状态下，不同的人会产生不同的思想和欲望。欲望经济状态下的失衡所反映的正是在欲望作用下的经济发展过程中的失衡现象。

中国在20世纪90年代中后期在全国推行的国有企业（包括地方国营）改制改革重组工作，仍起始于“摸着石头过河”的探索。更确切地讲：这是一次经济失衡或改革的重要突破，失衡和突破在一定条件下是重叠的同义词，任何事物的发生发展过程，都伴随着利益得失的欲望驱动要素的动能调节作用，在欲望动能推动下执行力会产生偏差，导致平衡被打乱，产生失衡。最后的平衡控制，就是制衡调节再平衡。

平衡需要约束，自由并非没有约束。过度的自由实际就是失衡。失衡带来的是无限制的“自由”，甚至是过度的疯狂。约束即是制衡。自由和约束、失衡和制衡都是一个硬币的两个面，只有兼顾了才能完整。

在经济方面，保持适度的自由，是促进发展繁荣的动力。而这种自由也是有规则和底线的。即是法律和道德。一个没有底线的社会，会带来不可想象的疯狂。这种疯狂来自欲望，这种欲望是无止境的，但法律和道德是有底线和标准限制的（可控的）。经济的运行方面也是有法律和规则的，否则贪婪的欲望将使个体疯狂，甚至使社会更疯狂。

平衡是需要制衡的。没有制衡不可能有平衡。平衡就是对欲望的控制和调度，即平衡欲望。在欲望面前人人都是俘虏，不是绝对的。是有条件的。此条件就是限制（制衡）。

“文革”结束后，全国的工业生产都恢复了生机。加之农村改革中乡镇工业的兴起，全国东西南北中都有了一定的工业布局。到了 1998 年，许多企业都被重组了。到 2010 年时，除东南及发达地区外，东北、西部、西北地区在改革开放初期建的一些工厂消失了。前几年我在上海遇见几个西部和东北的县长来招商时交流得知，当年曾红火的企业都被买断转给个人了。有的几经转让，资产都被转走了。许多县又沦为贫困县（吃国家转移财政补贴）。这是当时改革中政府制衡缺位，任由市场自动平衡（粗放），导致许多西部的资本投向东部，甚至转移海外。虽然这类案例有多种成因，但市场调控失衡是主因。

中国的经济改革，是自下而上的，由农村到城市。特别是大面积展开时，风险也蕴含在其中了。由于经济改革是欲望利益的博弈，往往正向的思维被逆向思维所利用。加之“摸着石头过河”没经验，采取行政“一刀切”的做法，急于求成等为风险埋下了隐患。最后暴露出问题，还是由国家来买单。在改革风险控制方面，各地情况不一，取决于地方行政领导的经验和水平，也与上级要求行政考核指标有关。

随着后来的经验教训总结，政府的经济理念已得到提升，监控已得到改善，再度经济发力时，政府的管控已趋向成熟。中国的改革成功，也是从失衡到平衡的探索过程。所以，过程中伴随着失误与成功，欲望的控制手段也更加成熟，这才是真实的中国。

第二节　发展过程的欲望失衡

中国的改革开放从提高宣传认识为主，到改革到自己头上的转向，使许多人都没能走出这个围城，始终蒙在鼓里。回过头来看中国改革开放的过程，真的是摸着石头过河。

中国的市场经济改革，可以说是一场前无古人的探险之旅。路没有，抬头便是悬崖峭壁；低头，便是万丈深渊。发达经济体国家的经验对中国只能是借鉴，照搬这样的经验我们要奋斗上百年。

人类社会的发展是相通的。但不同地域、不同种族、不同文化信仰之间又有其差别。人与人也有其不同之处，承认差别存在是一大进步。人类本身就是有差别的，人类的大脑相同的结构内也有其细微的结构不同，也就有了智商的高低不同。但在人类社会的发展实践中，这些差别往往反映在社会的发展，特别是在经济事务中的策略和决策中，路径和方向的偏差会导致结局的背道而驰。这就是差别论或叫差别经济学。其实差别也属于缺陷范畴，又称为缺陷经济学。失衡就是一种缺陷，也是一种切入式的突破，从而引出对经济发展趋势的分析和判断的准确性问题，有些经济的过程结局需要很长时间才能反映出来，但我们需要的不是对与错，而是当时社会的平衡与失衡。从一枚硬币的两面看，欲望的过度与失衡恰恰带来高速增长，即失衡性倾斜增长。这也是客观地看待欲望的发展动能。

一、欲望的变化

当我们承认了人的智商和能力的差别后，我们对社会分工、社会实践、经济成本与效益的差别就有了重新认识，找到了社会经济发展的根本问题：即差别经济。既然人类天生就有缺陷，即差别。因此做任何事情包括社会经济建设更不能“一刀切”一个模式，更不能搞“大锅饭”。人类的智商和能力条件影响着人类潜能的发挥，积极性和创造性也离不开这种差别的影响。从这个理论（差别理论）讲改革开放就是要在差别化当中寻找到潜能和创造性的提升。新中国成立初期的经济（计划经济时期）也并非是没有差别，当时实行的是八级工资制，并非完全“大锅饭”。问题出现在行政对经济的干预，用市场经济理论来讲这是主体的越位。

问题的关键在于欲望，将政治欲望放大到经济领域（企业）的内部。这种放大效应（政治挂帅）是对生产和创造的制衡（抑制）。欲望是动能所在，欲望又是发展变化的，欲望不是一成不变的，欲望决定了事务的走向，成功与否更与欲望引领、调动、平衡有重大关系。要重视欲望的变化，欲望是动态的，重视它要有度，制衡它也要有度，否则，方向就可能走偏。

二、理念是欲望的假象

理念看起来是决定走向的。其实它是欲望的外在表象。真正决定成果的却是欲望。因为欲望是动态的，是会随着时间地点环境的变化而变化的。因此，关于背离当初欲望一说就好解释了。背离当初的欲望理念信仰，即改变。为什么呢？这是小欲生死的抉择。那么理念和信仰到底是什么？其实是欲望的一个表象。前几章笔者论述过欲望的三个层次：小欲、中欲、大欲。即生存需求、人文修养、信仰(感和悟的升华)。这样参照就清楚了,理念就是大欲望信仰。然而达到这样境界的人是极少数的。真正达到此标准的称得上是楷模。

我们说的理念即信仰,是欲望的外在表象。就是说,这种理念并没有进入大欲阶段,仍是小欲阶段的生存需求。就是理念和信仰不统一。即信仰要进入大欲层次还需要一个过程,所以是极少数。现实中不匹配的信仰(理念)也叫大欲望的外在表象,真相仍是生存需要的小欲望。因此出现背离和改变就不足为奇了。即背离者选择了小欲的生存需求,而非大欲的信仰需求。

三、欲望是失衡的动因

以人为本,就是以人的欲望为本,以群体的共同欲望为本。政府在制定国家社会经济发展政策时,就要根据平衡经济学中的欲望经济理论,考虑到国家、社会、民众需求,平衡其欲望,挖掘调动其欲望动能,否则偏离了就会造成失衡。

有一个案例:一位善良的中国父亲,相信知识文化能改变家族的命运。苦于家里经济条件拮据,面对三个儿子要作出选择。只好安排大儿子退学在家务农赚钱(提供经济来源),让二儿子读书,再带动三儿子读书。听从了父亲的教诲,大儿子一直在家务农,后去建筑工地打工。二儿子也听从父亲的教导,刻苦读书,终于考上了大学,且学有所成,又公费出国深造,并娶了同窗学友为妻、定居国外。三儿子也如愿考上了大学,毕业考上了公务员。苦了一辈子的父亲积劳成疾,临走前再三叮嘱两个学有所成的儿子："你们两个的今天都是你大哥的牺牲、奉献换来的，他放弃了读书，赚钱供两个弟弟上学读书。现在你们大哥也老了、干不动了。他生活最贫困，你们有责任帮助他呀！"老父亲两眼一闭走了。大哥也老了离开了工地，但还在马路上蹬着三轮车拉货。老二定居国外，老三依然在城里做着公务员。他们的来往越来越少了。大哥在乡亲面前还是很自豪和满足，但面对大嫂的唠叨只是一笑：他们也不容易呀！

这说起来是一个故事，是一个案例。其实是一部平衡经济学。老父亲改变了家族的命运，却牺牲了大儿子的命运。这同时也是欲望经济学，在欲望的推动下大哥乐而不疲地劳作，为了家族、也为了老时弟弟们会赡养他。然而，弟弟们是有心，可他们的媳妇们讲：国家法律又没明确规定。这也是欲望驱动媳妇们不愿意。最终老父亲的愿望成了一句空话。可见"让一部分人先富起来"是对的，它突破了平均主义的界限和围栏。

第三节　经济改革中制衡与平衡的探索

中国经济发展的速度与社会发展成本是否匹配？这是本节的重点。

一种成熟而正确的思想和观念的形成需要几十年甚至几代人时间。再得到进化和发展更不是一朝一夕的事。因此，中国社会经济体系和机制的建立是与新中国的发展分不开的。

新中国的成立，开启了中国全面经济发展建设的新篇章。特别在工业方面，在一片战争的废墟上建设出了一个完整的工业体系。“一五”时期，完成了156个大型建设工业项目，并有694个大中型建设项目组成的工业建设基础工程布局。到第二个五年计划时，中国已基本形成了初级的工业基础。“一五”期间是中国工业化奠定基础的时期。三大改造的相继完成确定了公有制的主体地位，进入到20世纪60年代，由于国境周边复杂的环境，其中美越战争的升级和中苏关系的恶化，又面临来自苏联的经济竞争压力（然而“一五”时期的辉煌成就在当时就已超过了战后的德国和日本）。“二五”时期出现了对社会主义制度的经济发展规律的认识偏差，出现了急于求成的“大跃进”，在工业生产和经济生活的各个方面翻番增加指标。工业与农业分别是“一五”指标的3—7倍。导致以钢铁为核心的结构失衡；农业困难、供给比例失调（失衡）。随之“二五”后期便出现了经济困难。后采取了制衡调整措施，围绕“调整、巩固、充实、提高”的八字方针展开的经济调整直到1963年才基本完成。其实“二五”时期，就是失衡的调整和制衡期。虽然付出了代价，但说明了平衡经济的重要性。失衡与制衡期即是经济代价的付出时期，也就是中国发展探索过程中高额的经济成本支付期。

“三五”计划本应在1963年至1967年实行，1962年中共中央曾经设想“三五”计划主要是调整和恢复国民经济，毛泽东考虑到国家的承受能力提出：1963 年到 1965 年作为过渡阶段，继续调整打下底子，从 1966 年起再搞“三五”计划。

“三五”计划从客观上奠定了我国独立的比较完整的工业体系和国民经济体系的基础，标志着中国经济建设实行了一个重大战略转变。其指导方针一直影响到“四五”计划。这其实是对“二五”期间失衡经济的制衡（调整）。同时，毛泽东也考虑到全国工业布局的平衡问题，即一、二、三线的战略布局。当时的重点是吃饭问题（农业）和战备问题“三线”建设，其实从大的平衡上是符合当时的客观实际的。从具体的战略布局的经济上看，“三线”建设成本偏高，但这是国家的战略，不能用单个企业去计算，当时是全国一盘棋。

之所以在“二五”后不断出现失衡，同时又进行不断地调整（制衡），这都是在平衡经济学正常范围内的：平衡——失衡——制衡（调整）——再平衡。因地域庞大、基础薄弱、文化差异巨大的国家，实行一统制的计划模式，对共性来说可以，但对个性的差异来讲，就不完全适用。同时是短时间内适用，长时间内就不适用。原因就是时间一长，个性的欲望就萌芽了，最初的热情逐渐被惰性所取代（热情疲劳），个性的自私心理欲望取代了大干快上的热情。

一、制衡过度

客观上看，“三五”计划奠定了中国比较完整的工业体系和国民经济体系的基础，毛泽东接受了“大跃进”

和经济困难时期的教训，为百姓生活所想，在制定计划时将“三五”计划各项指标都定得较低，留有余地，这实际是调整制衡中的平衡。因此，这一时期没有出现“大跃进”时期的竭泽而渔的情况。而当时的经济平稳随着全国“三线”建设战备工作的启动，经济重心又一次发生了偏轨。但这都在平衡经济学的调整范围之内。

然而，到了“四五”时期，特别是1969年后，在“文革”期间，经济严重失衡。盲目扩大军事工业生产，严重地挤用了民用工业的资金、设备和人力，使整个国民经济失衡严重。

这种失衡其实是制衡过度。政治制衡过度导致的失衡是人为干预经济计划，不是按照市场规律（经济运行法则）去制定经济发展计划、引导经济良性运行，而是超出市场、社会、基础设施等承受的科学极限，用思想意识来盲目推动扩大生产计划，制约控制（强制）其实施。再加上外部经济发展环境（全社会）受政治第一因素影响，使其经济计划无法落实导致失控和失衡，其实这是制衡过度（政治制衡）。

制衡过度的先决条件是：（1）计划偏离经济运行轨道，即不科学；（2）经济计划受到政治因素制约（干预）。

二、干预过度

干预过度，即制衡的问题。那么制衡的度就显得格外重要了。在中国的社会发展建设过程中，会时常出现忽左忽右的问题，其实这就涉及平衡经济学中的平衡度问题。

平衡度即调节的度（关键点）。也就是刺激和调度，制衡和调节幅度的节点。特别是在计划经济时期的平衡度更为重要。然而中国的计划经济时期的问题不是计划的对与否，而是平衡度掌控得是否准确。在实践中出现的“一管就死”“一放就乱”，其实就是平衡度的问题。其中刺激、调节、制衡、拿捏得是否准确？这是关键，也是科学。但问题是中国这样庞大的国家，条件千差万别，单纯地用一个标准衡量（确定平衡度）本身就不科学。因此在经济建设的实践中，我们犯的错误就是与平衡度有关（同时也与标准单一不科学有关）。往往都是在左右当中徘徊，无法拿捏（判断）准确，最后导致干预过度。平衡又是一个动态的，允许失衡和制衡，但必须在一个度的范围内，超出了就过度了，就会导致严重失衡，甚至崩溃。所以，经济宏观调控度非常重要。

当然这也是有先决条件的，必须在经济的范畴内。例如：“文革”期间的政治挂帅来取代指导管理经济就属于干预过度了。因此，平衡经济学讲究的是宽松而适度的经济环境。需要监管，但要有一个边界。需要引导（战略规划）、需要调整、平衡，但不要过度。

三、制衡中的刺激和调整

“五五”计划是计划经济体制时期的最后一个五年计划。是在“文革”结束后的拨乱反正历史转折期发生的。因此，在失衡经济终结时，一个新的“跃进”推力又形成了。“只有一年、两年的高速度不行，一定要年年保持高速度；只有一个部门、两个部门的高速度不行，一定要各个部门都保持高速度！”（引自1977年至1978年的《人民日报》社论）。这是对贫于崩溃的“文革经济”的制衡。然而由于制衡中刺激政策和调整幅度过大，出现了新的一轮失衡。当时的急于求成的发展计划，不符合科学规律，致使1978年中国国民经济出现比例失调、积累与消费的比例严重失衡、财政和外汇收支严重不平衡等诸多状况。直到1981年才基本调整完毕，国民经济才走向健康发展的轨道。这就是说，膨胀的欲望造成了失衡，失衡了需要制衡来调整，然而制衡过度又会产生新的失衡。

制衡分两个方面：一是速度过低，不能满足市场需求。应当适中，不能超越现有条件和潜力。二是速度过高，产品过剩，出现供大于求，就要调整产品结构和发展速度。这其实是制衡的内涵，而制衡调节的外延部分是扩大市场区域范围，寻找到新的市场和新的需求（外贸）。这也是寻找一种新的平衡。

第八章　改革探索、制衡与再平衡

改革，顾名思义是改变、变革。改革也是对失衡的经济模式、增长方式、管理、计划、经营、供给、营销方式的改变。其实也是制衡手段的一种。

改革的目的，就是寻求一种科学合理的最优经济增长、经营、分配模式，也是一种最佳的平衡经济。改革也成为平衡经济的一种长效方式（西方发达经济体国家也都一直在调整、改革）。

第一节　改革是制衡调整

“六五”期间，中国经济进入到改革调整期。先是农村改革了集体所有制的集体劳作种植方式，实现了家庭联产承包制，并取得了显著成效。接着城市经济开始了改革，各种形式的承包、计时、计件等计酬形式（工资+效益奖金）的出现，刺激和调动了职工的积极性，分配制度的改革刺激了生产效率的大幅提高。

然而，经济发展的曲线也是伴随着上升、失衡、制衡、再平衡。假如你不能辩证地认识和看待这种经济运行规律，必然要受到经济失衡的惩罚。

从1984年第四季度开始，经济发展过程中，刺激过度（失控），经济上升中又出现了失衡。固定资产投资规模过大，消费基金增长过猛，货币发行过多，出现了历史上少有的经济过热。

“七五”期间改革初期欲望经济的因素占据了主导地位。中国人的“不鸣则已，一鸣惊人”的欲望占了上风。导致经济发展持续过热，不稳定因素增加。这是1986年到1988年9月。这一阶段盲目、过热的投资上马的项目过多，当时一些项目资金仅凑足三分之一，就开工上马，导致后续资金链条断掉，形成半拉子工程，最后无法投产，基建也无法完工，形成全国一大批的烂尾项目工程。这与当时的政治考核区域发展的官员政绩（指标）分不开的。

当失衡的经济过热产生后，必然进行经济制衡。从1988年9月到1990年，中国又开始了经济的治理整顿期，即制衡期。这就是说：改革从制衡调整开始，也可以讲，改革最难的是从城市工业开始。

第二节　改革贯穿着失衡与制衡

当我们冷静地回顾着改革开放的全过程，你就会发现，平衡经济学的欲望经济推力，使每一项改革都面临着失衡过程。这就需要不断地调整控制，以保持经济运行在一个平稳增长的轨道上。

“七五”期间改革的难点是计划经济向市场经济转轨转移之痛。当时新旧体制“共荣共存”难以为继，继续转舵已势在必行了。

“七五”计划的任务：力争在五年或者更长一些时间内，基本奠定有中国特色的新型社会主义经济体制的基础。

“价格闯关”是第一枚重磅炸弹。1988年5月8日，新闻媒体透露中国人民银行将发行第一张百元大钞。这让长期习惯“大团结”（十元币）的国人颇感意外。同时百姓已感受到钱已贬值了。

1988年8月15日至17日，中共中央政治局第十次全体会议在北戴河召开，会上通过了《关于价格、工资改革的初步方案》。从此绝大多数商品价格开放，由市场进行调节。

8月19日清晨中央台播发了此消息，当天各地抢购潮开始。银行排队，商店抢购，白糖、食盐、火柴、肥皂等统统被抢购。同时引发了民众的不满情绪。这就是改革遇到的制衡阻力。

因此，当时失衡出现，必须平衡。当年预算内企业的物价补贴和企业亏损补贴超过700亿元（1987年），约合全国财政收入的三分之一。财政资金大部分用来平衡改革给预算内企业带来的亏损，平衡国家财政预算。当时的改革可谓在失衡与制衡中较量、成长。

“七五”时期是实现中共十二大提出的到20世纪末“工农业总产值翻两番”的前10年，是打基础的“战略部署”的重要时期，也是新旧体制转轨过程中两种体制并存，同时又激烈冲突的时期，即失衡与制衡的胶着期。

第三节　失衡与制衡的冲刺上升

“八五”计划是新中国成立以来执行得最好的五年计划之一。在这一阶段中提前五年实现了国民生产总值翻两番的目标，经济体制改革取得了突破性的进展。国民经济开始市场化，社会化程度明显提高，是社会主义市场经济体制逐步建立时期。这一时期理清了社会主义与市场经济的关系。特别是1992年后，市场经济开始冲刺和发力，欲望经济思维（发展的思维）发挥了作用，出现了“围绕经济建设这个中心不动摇”，在经济的类型、运行质量、投资收益、管理模式等出现了倾斜失衡（这是褒义词即突破）现象，而且这一失衡现象随着发展而升级，最后超过了临界度（过度）。而这一时期的制衡力度受限，导致失衡向严重失衡的状态蔓延。

但“八五”期间的经济发展属于初级的浅层次的状况，表现为：经营管理比较粗放，经济素质不高，结构不合理，经济效益较差，农业基础薄弱，国有企业生产经营困难较多，管理体制和经营体制不适应社会主义市场经济的需求。在欲望经济推力的作用下，国有企业败下阵来。这一时期其实没有完备的制衡机制，欲望动能推动着市场经济上升。因而在这个快速增长和体制转换过程中，社会通货膨胀压力加大，国家的调控手段受到限制，国家财力不足，无法实现应有的调控。地区间差距扩大，南北方、东西方表现出明显的经济地域差别，而且非常悬殊。同时，各地腐败开始滋生增长，特别是在经济领域。整个社会风气出现“一切向钱看”的倾向，社会精神文明与法制建设面临着挑战。

这一时期经济在失衡中上升，在失衡中发展，社会运行成本增加，民生保障迅速下滑。从经济平衡学上讲，这一时期是经济上升和经济失衡的并存期，制衡调控在这一时期里显得软弱无力。

第四节　失衡中制衡软着陆

“九五”计划期间（1996—2000 年）中国强化制衡手段（宏观调控），使经济软着陆。

当时中国改革开放和现代化建设面对着国内外复杂的政治和经济环境。1997 年的亚洲金融危机，给中国的出口和利用外资及经济增长带来了冲击，国内通货膨胀率过高，需要宏观调控。

抑制制衡是宏观调控的手段之一。有效的制衡必须通过综合治理，而不是凭借单一的制衡手段就可以见效。面对大面积的失衡局面，可采取的宏观调控手段有多种，有结构性的、财政性的、货币性的缓冲，也有强制式的阻断和断崖式的颠覆。

面对国内外错综复杂的经济环境和政治环境。中国可谓是“孙子兵法”用齐了：

（1）全面推进地方国企改革，实施兼并破产，关闭出售。

（2）教育、医疗卫生、住房的全面市场化改革。

（3）前两项的改革转型标准是三个有利于。

（4）保障措施（基本没到位）。

“九五”期间的全国范围的大规模国企改革和教育、医疗、住房三项改革全面市场化，涉及全社会上下亿万个家庭。仅仅用了一个五年，全国国企、地方国企和部分集体所有制下岗买断的职工近 4000 万之多，也有统计数据为近 7000 万。仅 1997 年末，全国下岗职工人数为 1200 万左右（官方统计），比 1996 年增加 300 多万。

“文革”前，中国面临的两大问题：一是农业问题（粮食）；二是城市人口减少的问题。其实都是围绕着生存的现实问题。到了“九五”时期仍然绕不过这个坎。只不过是粮食的供给问题解决了，后一个问题只能用市场经济的手段来解决。

“九五”时期之后的改革措施是决断性的，阻断了失衡的经济和政府财政。当时采用行政和经济的手段，这属于平衡经济学中的政府宏观制衡措施外加微观基层政府贯彻落实。客观地讲，基层的落实也是强制性的。如有些基层领导，本着共产党员的崇高素质，一个个地做职工工作，不管换来多少不理解的指责和责骂。他们还是坚持到最后，留守在工厂，直到上级派人来接管，2000年后许多城市社会社区居委会招聘的支部书记，多数就是这批老厂长老书记。

在后来的两个五年计划中，我们看到了平衡的曙光。"九五"期间的转型改革可谓是中国改革的里程碑。成功就要有代价和牺牲，这是中国成功的平衡经济案例中应该铭记的丰碑。这就是中国成功冲出亚洲金融危机，进入金砖国家的软着陆时期人民的贡献。这也是阶段性的失衡与制衡期。

第五节　失衡代价与平衡

在平衡经济学的实践中，往往都受到欲望、幻想、武断等预测判断失衡的影响。使经济建设发展的过程付出代价，甚至有时代价是巨大的。因而，代价也是平衡经济学理论中一个取向和要素，它也是一个进程。

一、探索之中人民的"代价"

代价既是客观经济政策导向中的判断失误的后果，也是失衡经济中的要素之一。没有预测判断失误也就没有失衡；没有失衡也就显现不出代价。判断的正确与否，取决于国民经济的辐射面。90年代的中国经济已经不能独善其身了，已经完全融入世界经济的范畴。因此，当亚洲金融危机来临之时，预判的正确几率很大部分取决于当机立断，所以中国果断的决策平衡了中国经济，阻止了亚洲金融危机在中国登陆。这也是中国崛起的重要转折点。这就是平衡经济学对关键期“代价”的诠释。

军事上打大战役前要做到兵马未动，粮草先行。这是指战略布局。经济政策的推出也是如此，要有后续政策或法律保障。而中国在“七五”、“八五”、“九五”期间的“价格闯关”“通货膨胀”“腐败增长”“民生保障疲软”“企业关闭、职工下岗”、“教育、医疗、住房全面市场化”等等，呈现出这一时期的全面市场化特征。

其实，这并非是一种代价，是中国经济战略式宏观改革的举措。这种改革面对的是国际社会的风云变幻、逆流险滩，这是绕不过去的坎。

西方的顶级经济学家一直不理解，中国何以能走过来？东欧就是一个实例，没有一个成功。而中国却能成功？

从平衡经济学的要素中找答案。那就是取决于制衡要素。这里的制衡要素就是人民。这是中国发展探索过程中的关键因素。

人民是成功的重要因素。中国当时城市人口仅2亿，而农村人口8亿多。农民是中国改革成功的稳定基石。这就是中国特色。因此，改革代价的化解就是人民的包容。而东欧剧变时的东欧各国家就没有做到。

中国这种包容减轻了制衡的阻力，使中国经济在包容中得到平衡发展。

最近英国《金融时报》采访了过去20年一直担任FT首席经济评论员的经济学家马丁·沃尔夫，谈及他眼中最大的“中国谜题”。“一个古老的文明，以不可思议的速度推进现代化。最大的‘中国谜题’是这种现代化进程是由一个共产主义政党领导的。”从西方经济学理论和价值标准，很难理解在中国的体制下，同时有一个充满活力的市场经济。

二、制衡失控与监管缺失下的欲望经济

人民大多活在希望之中，也就是欲望之中。当失衡的保障和发达的市场融为一体时，人民的需求欲望随着现实而改变，这种需求实质上就是欲望的小欲：生存。

欲望在前几章中已阐述过。欲望是动力和潜能。既具有创造力，也具有极大的破坏力。欲望的动能在缺少制衡的情况下，就像打开了潘多拉的盒子一样，迅速地在全社会蔓延。迅速发展的市场经济和欲望经济，让中国在短短二十多年中，增长，博弈，再增长，再博弈。不管是“七五”的“价格闯关”抢购潮，还是下岗潮，还是企业倒闭潮，还是教育、医疗、住房推向市场潮的异化消费潮，以及“腐败增长潮”，无一不带有欲望经济的典型特征。

欲望在宗教的教义中是严格限制发展的。而市场经济的法则也是规定在一定的范围内的。欲望经济从其

优点来看，推动了经济的发展。从其缺点来看，如果得不到节制，可能会出现各种问题：自然资源遭到不科学的开采破坏，环境污染、假冒伪劣产品充斥市场，教育、住房矛盾突出。

有学者评论：这是制度性的、机制性的监管缺位。是的。即便宗教信仰也是有戒律的。没有一个社会能在没有制衡机制的情况下运作成功。而西方的市场经济的资本主义社会也是建立在法制健全的基础上，而且有严格的市场准则。

在欲望盛行的年代，制衡的缺失体现的是政府监管的缺位及企业的越位。解决社会欲望失衡问题，必须进行制衡限制，以达到平衡。

第六节　宏观平衡下的制衡探索

纵观“七五”、“八五”、“九五”的改革，特别是20世纪90年代的十年间，随着国企改制和教育、医疗、住房等要素的市场化颠覆性改革，整个社会快速进入到社会主义市场经济社会。

一、单兵突破闯关的失衡探险

“七五”时期，国家提出“效率优先，非均衡发展”的战略思想。东、中、西部三个经济地带有不同的目标、任务和政策措施。国家在政策、资金的支持上，开始了宏观调节的制衡倾斜措施，实行中央和地方分级管理、资本投入的网络架构，地域划分为一、二、三级经济区，并开始对“三线”建设的调整改革。

“八五”期间，国家宏观调控地区优势与全国统筹规划，以及沿海与内地、经济发达地区与较不发达地区之间的关系，从而促进地区经济朝着合理分工、各展所长、优势互补、协调发展的方向前进，即平衡协调发展；提出地区间的多领域、多层次、多形式的横向联合与协作，推动生产要素的优化组合，加快地区产业结构的合理化。“八五”时期，虽然仍以沿海和内地的不均衡发展为指导，但开始重视地区的协作和互补。

进入到“九五”时期，地区之间的差距问题和公平问题暴露出来。因此，“九五”把发展、改革和稳定的关系提到了战略高度。全国划分成七大经济区。并在缩小地区差距方面提出了具体的发展措施。

因此，从“七五”到“九五”国家的宏观调控看，这一时期由于具体国情、发展阶段等客观原因，国家的社会经济发展计划的指导思想呈现出“不均衡发展”和“非均衡发展”。

到“十五”时期，国内复杂的经济社会局面带来的不稳定因素上升，同时国家的经济实力（财政收入）也得到加强。这一时期开始转变指导思想，对国民经济结构进行战略性调整，加快中西部地区发展，缩小地区差距，促进并深化地区经济协调发展。首次提出了“实施西部大开发战略，促进地区协调发展”。国家政府开始平衡协调区域经济发展，对社会资源进行合理的配置，对东西部经济之间的"扩散效应"和"回波效应"进行国家宏观调节平衡。

从改革开放以来的国家经济发展宏观指导思想上可以看出：从强调经济增长（出现失衡）到注重社会和谐（制衡——平衡）；从强调经济产量 GDP（失衡）到追求经济社会的全面进步（平衡发展）。这体现出从布局平衡到操作失衡（不均衡发展），从效率优先到协调发展（平衡）的路径。同时也是以效率优先原则为主的单兵突破，到以人为本的全面发展。这是中国经济社会的一次史无前例的探险改革试验。

"十五"时期，是中国 21 世纪的第一个五年计划时期，这一时期强调均衡发展，从重视改革外延增长到重视内涵质量提升，由粗放型向集约型转变，重视了结构调整和科技进步。

二、最大的制衡调节

中央政府于 2008 年在全球金融风暴的冲击下，果断采取制衡措施，以 4 万亿元的投资刺激计划，拉动下滑的中国经济。

2008 年 11 月 5 日，国务院常务会议通过了"扩大内需促进经济增长的十项措施"。2008 年第四季度开始到 2010 年底的 4 万亿投资重点是：铁路、公路、机场、水利等重大基础设施和城市电网改造，农村和城市的水、电、路、汽、住房等民生工程和基础设施，包括城市廉租住房、棚户区改造等保障性住房建设、节能减排和生态工程、自主创新和结构调整及灾后恢复重建等。

在4万亿元投资中，新增中央投资共1.18万亿元，占总投资规模的29.5%，主要来自中央预算内投资、中央政府性基金、中央财政其他公共项目投资，以及中央财政灾后恢复重建基金；其他投资28200亿元，占投资规模的70.5%。主要来自地方财政预算、中央财政代发地方政府债券、政策性贷款、企业（公司）债券和中期票据、银行贷款以及吸引民间投资等。

当时这4万亿元投资计划的实施，平衡了中国经济的下滑趋势，拉动了社会需求，促进了进口增长，保持住了中国经济8%以上的增速。中国经济这块蛋糕也迅速地膨胀起来。这就是政府主导型的平衡经济制衡体系发挥的作用。甚至可以讲，这是超级国家公司（市场经济主体）的大手笔投资拉动。4万亿元的政府投资拉动，带动了全国上下近20万亿元（配套）的建设和发展，为后来的中国跨越式发展奠定了基础。

现在回过头来看中国经济高速发展的奇迹，离不开国家政府这些大手笔的调控平衡调度。仅以高铁建设为例，中国从南到北每个城市的高铁车站设计规划，都是在原有城市的近郊再造一个新的开发区。5—10年后，这些城市高铁站周边都成为了新的城市经济增长点，而且跳过了初级阶段，直接进入现代化。国家主导市场经济发展，平衡地区差距，提升产业能级，刺激地方投资建设的欲望，从而带动了几十个工业部门和数百个制造业门类的数万个产品种类，拉动提升了中国制造的总体水平。

现在中国28个省、自治区、直辖市中已建成的高速铁路总里程已达到1.6万公里，比全世界其余地区加起来的总和还要多一半。截至2016年底，中国已新增高速公路6000多公里，总里程已突破13万公里。1999年中国高速公路总里程就突破了10000公里，2003年底超过了2.9万公里，就已位居世界第二，2014年底超过了11万公里，位居世界第一。这种发展速度举世瞩目。这些成就如果单靠市场去调解，没有一个强大的国家政府去投资拉动，调解平衡，怎么可能超越已发展上百年的西方发达国家？

平衡经济学中的欲望动能不可小觑。欲望又分国家欲望、城市（地方）欲望、企业欲望和个人欲望。欲望的动能体现在自动能和刺激动能，4万亿元国家刺激经济的投资就是属于刺激全国上下各行业、各部门、各城市及个人的建设发展欲望。这种撬动欲望的做法是市场经济社会中规避危机风险，调节刺激下滑的速度，平衡发展（保持发展速度）所必不可少的。

三、跨越发展阶段的宏观平衡

进入"十一五"时期后，国家提出了转变经济增长方式的一些基本政策。首先把扩大国内需求，特别是扩大消费需求作为基本出发点来促进经济增长，实现从主要依靠投资和出口拉动经济增长，向消费与投资、内需与外需协调拉动的经济增长方式转变。这是市场经济进入到另一个时期的平衡调节重点。

从经济增长目标看已提前完成。2009 年 GDP 达到 27.6 万亿元，超越 2010 年规划预期目标的 26.3 万亿元；2009 年人均 GDP 是 2000 年的 2.3 倍，提前实现了人均 GDP 翻两番的目标。随着区域化经济发展和中心城市的辐射拉动作用，中国城镇人口的增长在历史上首次超过了农村人口的增长。农民工外出务工人数增加至 1.49 亿人。农村居民人均收入年平均增长率为 6.66%（即投资增长到消费增长）。

跨越发展阶段靠什么？中国有一个制胜的法宝，即 9 亿农民，这也是中国最大的平衡要素。2008 年美国金融危机引发的全球金融危机影响了中国的外贸出口，中国沿海大批企业倒闭，2500 万打工者失业。在全球金融危机面前中国拿出了法宝——农村市场。刺激盘活农村市场有利于攻下危机这个堡垒。于是，中国将出口退税红利给了农民。

中国出口退税 13%，当时外贸出不去了，国家便决定补贴给农民，鼓励购买家电、汽车等，只要拥有农村户口，就享受 13% 的价格折扣。政策一出，农村市场迅速火爆起来。到 2010 年底，百户农民彩电拥有率达 104 台。中国靠 9 亿农民平衡了经济，满足了市场需求。

农村的水、电、路、电话、网络（电视和宽带）五通工程由国家负责跟进完成。这就是政府这只看得见的手在调节、平衡中国经济。

“十一五”规划的宏观调控，是随着国际国内形势的变化，把握住机遇在增长方式上进行了及时而准确的平衡（转变增长方式）和调整。

“十二五”规划更是全国全面转变增长方式、开创科学发展的新局面。农业、产业升级，核心竞争力提升，营造环境，优化结构，推动服务业，促进区域协调发展和城镇化健康发展、绿色发展，建设资源节约型、环境友好型社会，强调人才战略、强调改善民生、健全基本公共服务体系，推进民主和政治文明。这其实是国家完全进入到平衡发展、和谐共赢的新时期。这一时期的重要经济制衡措施是：遏制住市场经济发展过程中的官员腐败之风，全面而深入地在全国上下开展反腐败攻坚战，以制衡改革开放以来的腐败失衡局面，清除失衡的根基，使中国跨进了社会主义市场经济的新时代。

中国政府根植在有自我修复功能且能力强大的基础上，以抓大放小的调控平衡手段，加上市场平衡的竞争态势（格局），维系（调度）着高速发展的大格局。在经济全球化的今天，国际上风云突变（国际政治格局中G7到G20，从欧盟到金砖五国等）、世界政治格局回归保守和民粹主义抬头的今天，中国的“十三五”依然实现了良好的开局。经济运行缓中趋稳、稳中向好。2016年底国内生产总值（GDP）达到74.4万亿元，增长了6.7%，名列世界前茅。对全球经济增长的贡献率超过了30%。居民消费价格仅上涨了2%，工业企业利润由上年下降2.3%转为增长8.5%，单位国内生产总值能耗下降5%，经济发展的质量和效益明显提高。

中国在跨越式发展阶段上又上了一个新台阶，进入新时代。国家及时有效的市场调控和制衡措施，推动了供给侧结构性改革，使经济运行保持在合理运行区间。其实国家宏观也面临多难选择，但仍然坚持依靠改革创新来稳定增长，调结构、防风险、在区间调控基础上，加强定向调控（制衡）、相机调控（制衡）。稳中求进，践行以人民为中心的发展思想，把发展是硬道理更多体现在增进人民福祉上。这种宏观平衡对中国经济的高速发展起了至关重要作用。而且各个时期不同的调控、平衡（阶段性）主题，是保持（控制）住中国经济宏观平衡的砝码。

这就是中国政府宏观调控下的社会主义性质的市场经济。**从各个五年计划上就可以看出一种路径：失衡期——制衡期（调整期）——调整转型期（转型跨越）——平衡期**。

第九章　国家欲望推动下的经济社会

金融是国民经济的血液和命脉。它流向哪里，增长点就在哪里。金融是导向和风向标。每个时期的投资导向都牵引着市场、引领着地方政府和创业者。然而金融又是趋利的，在利益的驱动下欲望成了金融前行的动能。

第一节　改革闯关中的金融

中国的改革开放是从农村开始的，从乡镇企业开始。有的学者在谈到改革的成绩时讲：乡镇企业完成了工业化国家的演变过程。但不管准确与否，发展过程中都离不开金融。金融是经济发展的血脉，血源是如何汇聚的？我们不妨把改革的过程与金融关系的演变再回顾一下，就不难发现重点和倾斜点在哪里。

从平衡经济学角度看，中国的问题就是农民的问题。从古至今农民问题和吃饭问题几乎成为中国五千年历史的代名词。解决了这个问题，也就平衡了中国的稳定问题。因此，当时提出的口号就是“一要吃饭，二要建设”。当时的国家高层思路是“无农不稳，无工不富，无商不活”。解决粮食问题的同时，要解决农村剩余劳动力的问题，办乡镇企业成为当时的首选。20世纪80年代初，全国的乡镇企业在中央政策的鼓舞下（金融支持），迅速兴起。

特别是珠江三角洲和长江三角洲地区的乡镇企业成为全国的“领头羊”，创造了“苏南模式”“温州模式”“珠江模式”，使中国经济的锋头（龙头）得以形成，进而带动了改革开放后的经济第一轮增长潮。这就是乡镇企业带动的中国（当时）的工业化。即通过发展乡镇企业，走一条先工业化，再市场化发展的路径。

这是一条国家经济发展的闯关之路，当时的金融倾斜政策更是对其利好多多。其中包括：

（1）乡镇企业可以依靠“政府信用”从银行取得贷款。全国上下都有乡镇企业管理局（直至县级）。对乡镇企业贷款优先。同时乡镇企业的发展作为政府业绩考核的重要指标。

（2）乡镇企业可以无偿或低成本占有社区内的土地资源，廉价使用社会和区域内的劳动力，从而构成低成本的投入。

（3）国家出台了针对乡镇企业的《企业法》，明确了对乡镇企业的各项优惠政策。

（4）地方政府可以利用其身份和信誉为乡镇企业

争取计划外的原料和控制风险。加之产权意识和竞争观念较淡薄，乡镇企业实际还属于政府控制的集体所有制企业，并延续了国有企业的管理模式，比较容易被社会接受。但金融方面却优于国有企业，比较灵活。

从1978年到1984年，随着中国的改革开放，金融业的改革也开始了。1979年3月份，恢复了中国农业银行。同时，中国银行也从中国人民银行中分离出来。国家外汇管理局同时成立。1979年10月，中国国际信托投资公司成立。1984年1月，中国人民银行成为金融管理机关，成为负责制定和实施货币政策的政府机构。

这一时期的金融机构还属于半政府机关的性质，还没有完全商业化（市场化）。因此，这时的金融倾斜力度主要是对乡镇企业和改革开放后的政府投资倾斜。有的学者称："这期间是中国成功复制了英国历史上用二三百年走过的乡村工业繁荣，也就是原始工业化阶段。"那十年就是中国乡镇企业的爆发阶段。

当时选中乡镇企业突破的目的是：农村办工业，社会成本和实际成本都是最低的，容易成功。只要国家重心偏移，倾斜支持，即使不成功对全国影响也是最小的。

当时，作为地方政府要发展经济（工业），怎么办呢？普遍都采用乡镇企业的渠道，从乡镇企业发展基金项目中获得项目投资资金。因此，在全国建立起市县级的乡镇企业大项目，全国各地的酒厂、乳品厂、糖厂、水泥厂、化肥厂、纺织、服装、轻工等大批与农牧原料有关的新企业应运而生。这种倾斜推动着中国乡镇企业的突飞猛进发展。当时的金融，特别是农业银行的信贷项目对象100%为乡镇企业。甚至以后到（1985年至2001年）银行业商业职能全面建立后，中国工商银行、中国建设银行加上地方商业银行也都把触角伸向了乡镇企业。特别在外向型乡镇企业加工贸易兴盛之时，中国银行、招商银行、交通银行等专业银行也倾斜于乡镇企业。

当然这种倾斜也不是平衡的，体现出东高西低、南热北冷的态势。同时，一部分乡镇企业是为中国的大型国有企业提供配套加工的企业，这样在银行取得信贷支持方面非常有利，这是源于国有企业的国家信誉。

随着中国金融改革的推进，市场化进程加快，1990年11月新中国第一家证券交易所在上海成立，标志着市场化、股权化机制的市场形成。2001年一行三会正式成立。2001年12月中国正式加入WTO世贸组织。至此，中国金融改革随着市场经济的深入发展、工业化产业化网络化的形成，逐渐实现了助力实体经济发展的目标。

第二节　战略平衡中的国家欲望

中国改革开放的探险之旅是要探索挖掘人类的欲望

潜能，寻求一条平衡而发展的公平社会模式。中国是要探寻一条现代、高效、公平、公正、合理、富裕而和谐的社会发展模式。具体如何走？"摸着石头过河"，但必须向前走。"发展是硬道理"，不能停留，不能退却，终将到达彼岸。这其实就是一种战略。

这是经济发展的战略，必须用战略眼光去看待评价它的失败与成功。这种战略的平衡，是需要一个长期的过程。这种过程是建立在财富诱导下的战略布局（宣传、舆论、导向、氛围）基础上的，战略转移（调整）、战略突围（转型）、战略制衡（制衡、调控）、战略主攻（创新发展）、战略诱敌深入（引导产能转型投入）、战略反击（供给侧结构性改革）、战略总攻（全球化战略、一带一路）。这就是中国突破固有观念限制下的经济战略转移。

因此，你可以用经济学家的视角去看待评价一个小国、一个公司、集团企业，甚至产业行业的改革成功与否，而大国却不同。它既是一个大的经济综合体，又是一个融政治、民族、信仰与风俗文化于一体的大的综合体，中国的面积相当于欧洲的面积还要多，拥有多民族与多元文化，这样一个复杂、多元、极具差异的综合性大国，怎么能用单纯的经济理论去解读它的兴盛与衰退呢？所以就经济而谈论经济在这里会限制思维，只有用战略的学术视角去解读，才会找到它跳动的脉搏。

为什么平衡经济学中的欲望能产生如此的动能？这是人性所为。何为人性？单纯地讲人性不是经济学的研究对象，但经济学要研究的是人性背后发挥作用（动能）的规律。这个规律就是欲望的平衡与失衡规律。任何大的战略都是由个人的小欲望发展到国家的大欲望所致。这种四两拨千斤的杠杆效应其起源就是欲望。当人类共同的欲望集中在一起，就会产生排山倒海的动能。如2017年在中国厦门召开的“金砖五国首脑会晤”就是集中五个金砖国家（新兴经济体）发展欲望的动能，继而达成共识，形成欲望的合力（共同欲望）。

当乡镇企业如火如荼之时，国企还在艰难探索，当时各级领导都不知对岸在哪里，头脑中一片茫然。一般的职工更是盲目下海。当时的一家中央企业（实际上是事业编制），曾经是生产国防高精尖产品的研发制造单位，然而只能为广东的一些乡镇企业生产洗衣机、电冰箱的主机和配件来维持运营。这在当时就有很多高级别领导干部都不理解。只能是摸着石头过河，就是要倾斜、要突围、要发展、要探险、要闯关！要寻找到经济发展的突破口，必须做这样的国家实验、政府实验！这并非完全依靠市场化的改革，而是由政府主导的市场化利益诱导（欲望）的改革，带有共产党员的忘我（牺牲）精神的探险。

按照市场经济规律，国有企业完全可以以资产抵押进行筹资生产或者技术改造升级。可当时没有产权制度改革，厂长没有权利处置国家（企业）的资产。没办法，加上企业间的三角债务，企业资金无法盘活。即使从上级主管部门或银行筹到或贷到钱，也只能挪用生产流动资金为其职工发工资（短期行为）。就是说当时的市场经济条件并不具备。

这种改革试验，其实是整个国家和整个社会的培育市场的大试验，是要培育完善生产要素组合、运转功能，也是打破原有的计划经济结构的试验。因此，让无数经济学家摸不着头脑，以致判断失误。

改革的探险成功了，还要回归主题。发展硬道理是建立在满足人民的福祉上。只有一个理念不能变，就是探险不能停止。这就是“以经济建设为中心，发展是硬道理”的主旨，也是共产党人一代接一代的探索。因为这种改革试验是前无古人的社会试验，那就要在行动的目的上给国民以信念，这种信念就是未来的前景。

第三节 综合国力与工业化

“发展是硬道理”、“以经济建设为中心”、“三个有利于”最主要的理论作用是有利于综合国力的增强。这就是在发展的状态下，路线不能偏。中国要走的是社会主义市场经济。这在顶层的共识上给出了一个概念：“社会主义的初级阶段”。如何解读呢？

最终的结论是：中国的国力基础薄弱，需要一个长期的积累过程，只能是一步一个脚印地向前走。那么如何超越呢？结论是采取倾斜政策，“让一部分人先富起来，然后再先富带后富”。这就是最初的改革理念和思路。具体如何实施？是“摸着石头过河”。

从“七五”、“八五”、“九五”国民经济发展计划中就可以看出，也就是进入了经济发展的倾斜、失衡期。要想扭转这种社会形态，必须重拾社会正能量。然而，正能量不是空洞的说教，而是与经济基础（经济利益）有密不可分的关系。扭转必须在经济基础（人民福祉）上下功夫，满足民众的需求（欲望）。

经济失衡需用经济手段来制衡。制衡的办法就是投资拉动国企和关系国计民生的产业升级。如 2008 年国家的 4 万亿元投资拉动，在经济学界爆发了一片热议。反对者甚多，支持者也分成两派。自由经济学派极力反对 4 万亿元用于国企投资，强烈要求发展民营企业，以其增加就业、扩大内需。然而，国家必须应对全球次贷金融危机，变危机为商机（发展机遇），使中国的综合国力——基础设施产业有一个跨越式的提升。结果 5 年后，中国的高铁、高速公路、航天技术、计算机软件及芯片技术、精密机械制造、城市化的互联网覆盖、房地产等一路高歌，冲向了世界经济的前沿。同时成功开发了广大农村市场，拉动了国内需求。

这种投资拉动制衡的措施见效了，中国的国际地位也迅速提升了。同时也遏制住了全球金融危机带来的经济失衡（下滑）的局面。这时经济学家们才发现，国家社会的发展并非完全靠经济学（纯经济学）来理解，还要靠经济战略学。而如今中国的崛起，特别是工业化的第二个台阶却是国有企业的转型升级占主导的第二次工业革命。以国家投资为主体的高铁联网工程带来的钢铁、建材、电子设备等形成了一个产业链，以及以下科技获得长足发展：以航天技术为龙头的人工智能、高分子材料（航天材料）、精密仪器仪表（包括光学、电磁学等精密仪器）、纳米技术、量子技术等一系列的技术科学；以生物医学工程为主的基因技术、人工合成技术、显微技术等技术科学；以深海探测为主的海洋科学技术、海洋化工技术（可燃冰提炼技术）等前沿科学技术。这其实是中国的国家战略，是接受了前期改革试验中经济失衡的教训，采取果断制衡决策，由国家引导的经济发展战略的平衡市场行为；是发挥政府的宏观调控制衡作用，抓住科技这个龙头，进行倾斜，引领经济向更高层次迈进。

美国的次贷危机导致了经济下滑和低谷期（经济低增长甚至负增长之时），中国却抓住了这个机会在快速地超越（投资增长）。中国的工业界和科技界也借着这次投资的驱动，瞄准世界科技的最前沿，科研与应用同时在流水线上试验展示。特别是“十一五”期间，中国面对经济全球化进程的加快，世界科技革命的迅猛发展的趋势，研发一系列新的重大科学发现和技术发明，正在以更快的速度转化为现实的生产力，并深刻地改变着经济社会和国家面貌。世界主要国家都把科技创新作为重要的国家战略，把科技投入作为战略性投入，把发展战略技术及产业作为实现跨越的重要突破口。面对世界科技发展的新挑战和日趋激烈的国际竞争，中国作为一个大国，毋庸置疑地把科学技术置于国家发展的优先地位。为此国家迅速出手，在“十五”的科技投入基础上，“十一五”的国家科技投入是历届五年计划中投入最多的，体现了国家抓住战略机遇期的决心。这是实实在在的国家高度重视。

当时国家的发展欲望，是要打破平衡，纠正经济失衡，突破制衡经济发展的重大技术瓶颈，攻克一批关键技术，组织实施一批重大专项，带动技术创新和社会生产力的跨越，使我国成为自主创新能力较强的科技大国，为进入创新型的国家（科技强国）行列奠定基础。这也是在制衡调整基础上的高层次倾斜突破。

“十五”期间的科技战略首先瞄准了科技强国的战略目标布局，“十一五”则重点实施了重大科技专项。首先，要进入世界科技前沿，培育一批战略性产业和具有国际竞争力的企业，建设重大标志性工程，体现出大国的强烈欲望动能。其次，是面向紧迫需求，攻克关键技术，特别是重大产品和支柱产业为中心的集成创新和应用，强化吸收消化和吸收再创新，不断提升我国主要行业和产业的自主研发能力。众望所归，在西方国家忙于反恐和全球化（经济下滑）的保守封闭限制中，中国的科技成果脱颖而出了，冲进了世界科技的前沿。中国的基础设施和一批战略性产业也应运而生。

中国的经济胜出了。在科技引领下的工业化、产业化、网络化迈上了制高点。这就是以欲望为动能（国家欲望）的国家科技和产业的大投入，调动了全社会的欲望升级，形成了世界的经济热源地（聚能、聚力）。

第十章　嫉妒、贪婪与自由、权力

谈到欲望，一定要谈嫉妒，因为嫉妒是欲望中的重要元素。如前几章所讲的欲望有双重功能，即正能量（动力）和负能量（制衡力）。嫉妒在其中既是正能量动力（竞争力），又是制衡力，即负能量破坏力，相比欲望破坏力更强些。嫉妒是个心理学概念，具有排他性和破坏性，同时也有一种激励作用和竞争（意识）力。

贪婪是指贪心且不满足。其实也是一个心理学概念，也是欲望要素之一。表现在经济社会中，是欲望经济中的活跃要素之一，也是一种经济要素，又是“虚文化”的要素。在经济管理中，控制手段之一就是平衡控制好欲望的贪婪要素。

由此可见，欲望经济学中少了嫉妒和贪婪就不完备了。认识和挖掘这两个要素的作用，对于我们认识平衡经济学中失衡的原因至关重要。

第一节　信仰缺失的根源

中国改革开放40年以来，随着经济建设的高速发展，人们发现社会有某种欠缺，人与人之间的关系也有某种欠缺，有人将此归结为信仰缺失。前几章讲过信仰属于大欲范畴，但在现实生活中，信仰起着指导和规范人们经济生活、社会生活行为的制衡作用，可以调节社会秩序的平衡。因此，信仰属于平衡经济学的范畴。信仰在这里作为一个平衡要素，缺失的结果便是贪欲和嫉妒的蔓延。

缺失的根源包括：

（1）**物质基础**。物质基础来源决定信仰，计划经济时代的物质基础是在公共积累之上的计划分配。包括工资收入和居住配给及产品的分配。此时的理想和信念是统一的、共同的，带有共性特征，也是共欲。而市场经济时期的物质基础是由个人的机会、能力、资本决定的，是一种差别化的物质积累，是以个性决定的。特别是当公共福利缺失的状态下，人们所依存的物质基础极具个性化、差别化，加之社会福利体系不健全，在商业保障体系中的缴费部分由个人支出的资金，需要公民在满足了现实的生存基本需求后的结余中支出，才能实现。这就带来了在改革开放的前20年，个人的基本积累不足，国家社会福利保障市场化，没有收入结余的公民只能放弃商业保障购买，形成了全社会的一大批低保人群。而他们首先满足的欲望是生存，其次是节衣缩食的投资（借债）和教育（欲望期盼子女不输在起跑线上）。为此，全社会的生存第一法则就成为了第一信仰。通俗地讲：就是一切向钱看。这就是生存需要，物质基础即生存基础。这个基础决定了他们的信仰。

（2）**宣传导向**。当以经济建设为中心之时，社会的舆论宣传和教育培训出现了对发财致富、成功者、首富、老板（成功人士）等桂冠的宣传，引导着人们的精神追求欲望。

一部部电影、电视剧，题材从创业到成功，从第一桶金到托拉斯的董事局主席，从私人飞机、私人岛屿、私人码头、私人领地到私人帝国。影视和现实在欲望中膨胀、集聚。这种崇拜、向往，从物质到精神，世界名牌的奢侈品享受（欲望的满足）与追求，统统在宣传的媒介中传播、蔓延。

（3）**利益的自卫**。当倾斜到失衡一路走下来，人们发现市场这只无形的手已牢牢掌控着人们的欲望。作为市场主体的企业，特别是国有大型企业集团，为了保住已有的利益和享受此利益，而采取自卫的行为（自卫本身也属于嫉妒的排他性范畴），使得利益成了企业的第一信仰。而社会民众在此大环境下，也只能为了捍卫自身的利益而明哲保身（排他性）。于是社会公德和核心价值观在利益面前被弱化了。

这都是欲望（嫉妒）的失衡，没能在有效的制衡时间内采取有效的制衡措施，甚至将有效制衡措施误解为改变发展经济的方向。

第二节　嫉妒腐蚀着经济

嫉妒，是人类天生的欲望之一，属于心理学范畴，属于“虚文化”，但这里笔者将其纳入经济学说中来重点阐述。嫉妒在经济发展中产生助推和制约作用。

一、嫉妒成为竞争的动力

就其词义解释，羡慕和嫉妒既有区别又有相同之处。

首先，当事物（包括人）不在同一个层次，且距离大时，就羡慕。在改革开放之初，中国人到美国考察国家的现代化，这就产生了羡慕（以美国为标杆）。这是中美两国的经济基础有着距离，当时中国对美国的羡慕是一种竞争动力（中国一定要超越它）。因此不是嫉妒，嫉妒是要有条件和资本的。

其次，同层次、相近岗位、相同的经济基础之间，就会产生嫉妒，也是一种竞争，而且此竞争手段带有明显的特征。如：刺探情报、落井下石、报复、挖墙脚（拆台）、埋地雷（设置障碍）、设陷阱等。其实是同层次、相近岗位条件下的心里欲望失衡所致。而“羡慕、嫉妒、恨”中的嫉妒则是一种良性的嫉妒，是一种竞争的动力。

二、嫉妒的排他性

嫉妒的排他性主要表现在利益、荣誉及有好处的事务上的个人占有欲望及小团体占有欲望，同时排斥和减少同一平台上的参与者的分享。这是一种极其自私的而表面却带有一种虚假的面纱，暗中是独自占有、窃取为己有或小团体所有。这是带有蒙骗性的恶劣行为。

在中国古文化中，就有“投机取巧”，爱“占小便宜”的劣俗，这是中国“虚文化”中的“动小脑子”(本书后记中有“虚文化”阐述)，但这在中国的法律中又上不了刑法(属于法律空白)，只能受到一种道德、良心的惩罚。而在道德信仰缺失的社会状态下，嫉妒行为的公开化更是加速了。在一些有知识和地位的人眼中，当得到社会的尊重时，他们理所应当地想到这是自己的尊严和面子，很少有人想到这是社会对自己所拥有知识和责任的尊重，更没有人想到他们用自己的知识和责任为社会、为百姓的幸福做过什么，他们只是获得、占有了这些知识和地位。他们看重这些“知识和地位”，在内心形成了一个“安全屏障”，拼命地捍卫和保护。这就是产生自私嫉妒，排斥他人的根源与动力。

嫉妒的排他性是明显的利益排斥，但在表现形式上反映的多数是脸面的维护，并以“瞧不起人”的姿态出现，表现出一种自我优越感，其实是一种排斥表现。类似城市人、乡下人，一、二、三线城市之间，海归的、名校的、一般院校的之间，白领的、蓝领的，这些社会标签导致人们无形中产生了天然的排斥鸿沟，也无形之中产生了社会的撕裂。

三、嫉妒的社会成本

嫉妒属于心理学范畴，也是欲望的一种表现形式，它是伴随着社会的发展和欲望的提升而提升。因此，它的社会成本也在提升。

生产力低下时，人们的欲望需求也简单。当时只要求简单的温饱，似乎这一阶段嫉妒很少出现，而更多的是羡慕（羡慕别人能吃饱，不受饿）。随着生产力的发展，生活水准的提升，温饱阶段已经跨过去了，人们的欲望需求也变化了。在物质层面需求的基础上，增加了精神欲望的追求。

精神欲望的追求大体分五个层次，即生理、安全、社交、尊重、自我实现的欲望需求。而温饱阶段就是基础的生理欲望需求的主要阶段，这是基础，而后的欲望需求都带有扩张性。扩张性越强，侵略性、占有欲越突出；这必然存在着竞争，竞争的过程中又必然有嫉妒因素在其中。当膨胀的欲望（即雄心上升到野心）缺少制衡时，嫉妒就会演变为残酷的相互制衡，结局就是损耗和破坏大量的社会资源，付出大量社会资源成本的代价。

因此，嫉妒的产生是欲望的心理失衡所致，而嫉妒的发展演变又是社会制衡机制的缺失或缺少制衡所致。在社会经济的发展中利用“圈子文化”演变的行业竞争都带有“排斥性竞争”的特征。

四、嫉妒导致劣币驱良币

从范围来看，应该是在同一个单位、同一个系统、同一个层级才叫嫉妒，超出了这个范围，就不属于嫉妒范畴，就是竞争。因此，当嫉妒不仅仅在一个单位发生，而是在整个社会时，嫉妒就会破坏公平的市场经济，就会扼杀人才，甚至导致劣币驱良币。嫉妒也使得一些单位管理失衡（即打破了平衡）。

羡慕和嫉妒都类属于欲望范畴，但褒贬含义不同。从正能量方向分析又都是竞争的动力。因此改革开放初期的经济发展是带有羡慕美欧发达国家的动力欲望的。然而在具体的实践中，而且在同业同行竞争中，表现出的是嫉妒型的不正当竞争。由于当时的中国的产权保护法律法规不健全，一些乡镇企业无偿地使用和侵占了国有企业的知识产权技术。随着经济发展的不断提升，当时的中国乡镇企业出现了“一天出小样、两天上批量、三天上市场”的仿冒侵权行为。

在经济领域这种嫉妒式的变态行为，在失衡经济阶段起到了劣币驱除良币的作用。由此而形成的当时“中国制造”的质量受到质疑。例如：当时一家中国的汽车厂家生产的自主品牌轿车在社会上被形容成：“远看像 30 多万元，近看像 20 多万元，到眼前一看 10 万元价格都不值。”

假如真的把嫉妒当作心理学去解读，这样经济学就缺少了动能的本源（利益），经济学就不完备了。因此，嫉妒不但腐蚀着政治、教育和学术，同时也腐蚀着经济和社会。

第三节　贪婪影响着经济

贪婪是欲望概念中小欲需求的负产品，是对正规则之外的占有欲望，即合法之外的部分占有欲望，也属于心理学范畴的概念，也是“虚文化”的范畴。贪婪在欲望经济学中占有相当重要的地位，既可以驱动经济的发展，从而获得经济发展红利之外的红利（包括非法红利），也可腐蚀着经济的发展，增加建设和发展的成本及腐蚀社会的成本，最终造成社会分配不公，两极分化严重，以致社会严重失衡，重则崩溃。

在欲望经济中，贪婪其实是一种设陷阱（加杠杆）式的欺诈。例如：欲望金融，通过格式条款约定的期望值高的金融投资基金，趋利模式是以宣传增值神话来提升投资者的逐利欲望。通过加杠杆，加激励（物质的或返利），借国有银行的信誉通道，迷惑投资者的贪欲之心，进而拆东补西，中间大量资金转移出走，结局是投资者失败或是老板跑路。其实这是典型的贪婪的欲望对赌。

贪婪也是一种动力，这种暗动力激发和释放的是自私欲望，这种自私与社会公平背道而驰。贪婪即是经济发展的动能，又是经济发展的代价。

一、贪婪排斥公平

贪婪是有环境限制的，也是有条件的。在一个监管督察、制衡机制健全的社会里，贪婪是缺少环境土壤的，所以发生的概率极低。贪婪也属于小欲望范畴，是超出制衡边界的欲望。然而这种边界也是一种诱惑，也有人称其为“自由”，是一种无条件的“自由”。这种“自由”很容易让人丧失理智，经不起诱惑而陷入其中。当一个社会有一部分人获得了这部分“自由”，他们同时就侵犯了另一部分人的自由。这就是贪婪排斥了社会公平。

西方学者把贪婪归纳为人性的弱点，我把贪婪归到小欲望范畴，强与弱取决于制衡条件。散养式的粗放管理（缺少制衡）是释放贪婪的主要原因。

二、贪婪回避平衡

西方人认为，中国人具有天生的贪婪本性，我反对这种绝对的结论，因为人类欲望中都有这种要素存在，放大、还是缩小，取决于制衡，制衡又分为自我克制与社会限制。西方人曾经认为中国是“无欲望的圣地”，在改革开放初期，西方人来到中国，让他们惊讶的是，中国大陆竟然是全世界唯一的没有“黄赌毒”的国家。他们还公然认为：中国大陆缺少人性，而今天他们又认为中国人本性贪婪，其实他们看的都是片面的表象。不管哪一种，欲望都是需要引导和平衡的，但贪婪恰恰是回避平衡，总希望自己是金字塔顶（首富）。中国改革开放 40 年的发展过程，释放出巨大发展动能的同时，欲望的引导也破界了（偏离），把成功定义为财富指数，因此，随着财富指数的刷新和突破，中国成了世界上富豪总数最多的国家，超过了美国，几乎占到了世界的四分之一。缺乏制衡的暴富的发展崛起也打破了经济发展的平衡。经济结构、民生保障、环境资源、富裕与贫困的不平衡不充分矛盾也显现出来。

三、贪婪与社会仇富

贪婪导致不平衡，也使得社会矛盾凸显。在社会发展的潜移默化中形成了一个广泛的定势，就是“仇富心理”。社会上许多媒体和咨询调查机构都做过“中国人财富观大调查”，其结果是高达65%的人认为：中国富豪的财富与问题联系在一起。这就是说，中国富豪在获取巨大财富的同时，并未得到社会的尊重，甚至遭到老百姓的蔑视。这种失衡的社会现象被一些专家称为：是老百姓患了“红眼病”。中国的老百姓是善良的，他们仇视的不是财富，而是不公平，是失衡。这种贪婪的失控表现如下：

（1）腐败浇灌着财富的增长。

（2）粗放式的创造财富方式。这种方式导致了对资源开采的破坏和生态环境的污染，造成结构和生态的失衡。

（3）贪婪包裹着“假冒伪劣”。老百姓买单奠定了富豪的财富指数。

除这些不争的事实，还有一个重要的指标作衡量定位标志，比如慈善。慈善是西方发达国家衡量顶级富豪的标志，例如：比尔·盖茨宣布裸捐，巴菲特与盖茨发起“把一半财产捐赠慈善事业”的行动，美国有200顶级富豪主动致信当时的总统奥巴马：“请向我多征税。”中国的一些富豪的欲望正好相反，这分明是阶段的发展失衡所致，也是制衡缺失导致欲望边界失控，并非是老百姓“仇富”。

第四节　自由与权力

经济社会的平衡离不开自由和控制（权力）。特别是在经济全球化的今天，对于世界更对于中国，自由和权力实际上已成为经济发展的生产力要素和控制手段。同时它们又是一对矛盾，对立而统一。在经济运行中，人们追求着自由，资本也追求着自由，但自由又是有条件的，需要权力发一张许可证，在许可范围内是自由的。但实践中这对矛盾仍然让我们迷惑不解，时常感到困惑和纠结。

一、自由的意识和行为

自新中国诞生以来，中国社会就没有间断过围绕自由的争论及社会实践。许多学者将它归到政治领域，其实它是与经济分不开的。离开了经济空谈政治，自由无疑就是空想的乌托邦模式。中国经过60多年的实践，人们在困惑和纠结中开始反思：什么是自由？自由需不需要控制？解答清楚这个问题十分重要。

何为自由？**自由是人类在获得基本生存保障的前提下，渴求实现人生价值，提高生活质量，进而提高生命质量的行为取向和行为方式。由于存在自然条件和内在条件的局限性，这种取向有时是盲目的，甚至是非理性的。**

自由又是一个哲学概念，也是心理学概念，在经济学里它又是一个利益和权力的概念。自由和约束是相对应的。原始人类在生存得不到保障的情况下追求的不是自由，而是生存。为了生存而遵守共同的约束和分工（集体狩猎），靠集体的力量才能生存（活命）下来。反之，独立的自由面临的是危险（死亡）。可见自由和约束是一对矛盾，影响这对矛盾的是利益。利益又分个人利益和公共利益。

自由贯穿了小欲（生存和财富自由）、中欲到大欲的始终。它既是代表的小欲生存自由，又是代表中欲的学术、才华、修养自由，同时又是代表大欲的信仰和灵魂的自由。由此便看出自由要素贯穿人类社会的始终。

自由是一种意识，实际就是欲望。之所以把自由当作平衡经济学的经济要素单独用一章来阐述，就是因为它在经济社会中的作用至关重要。无论食欲、性欲、消费欲、表现欲、享受欲和传承欲都与经济社会紧密相连（而且形成动能）。即自由等于欲望。在个人欲望、个人自由、个人利益和共同（即群体）利益（欲望）中，群体自由、群体利益就是相吻合而且相一致的统一体。

停留在小欲望范畴的自由与利益和权力息息相关。这里的自由并没有上升到中欲和大欲的阶段。小欲属于人类社会最低层次的生存需求自由。这种小欲范畴的自由是建立在个人利益和公共利益之上的。所以它必须在一定制约条件下完成，否则这种个人利益和团体利益就会与国家利益、人民利益发生冲突。

二、自由权力的限制

自由的定义在当代意义上与欲望和利益进行了重合，这似乎对资本来讲是剥掉了一层外衣（资本往往都披着自由的外衣），同时也验证了资本主义有关人权和社会正义的混淆。资本的经济引擎非常坚决地支持自主和自由的观念，以致面对自由权力和限制（制衡）这个关键问题时就上升到政治的高度，美国历届总统的就职演说都把自主和自由作为主题。“自由是全人类的权利，人人有权享有自由。”（引自小布什总统演讲）然而，美国的人权记录并非充满着完全的自由。以捍卫民众自由和免受恐怖威胁为名，广泛监视公民的私人通信邮件，在关塔那摩湾制造“骇人听闻的侵犯人权行为”，这些带有伪装和掩饰的掠夺和控制，无不说明这种自由实际就是欲望中的小欲。自由实际上每一个环节都离不开限制。

在经济及生产要素中讲，自由就等于欲望，而且是小欲望的生存利益（财富）需求。这些小的欲望需求产生的个人欲望、小团体欲望、企业、集团欲望、国家欲望和全人类欲望集中起来就是人类社会的自由。这些欲望的自由是有条件限制的。

从名词解释自由是个褒义词，而欲望是个中性或贬义词。于是人们便用自由的词汇掩饰了欲望的内涵。

自18世纪以来，自由国家的理论和实践逐渐兴起。其主导原则是国家自我设立限制条件（如法律、法规等），避免政府过度干预市场和社会，对个人的行为和市场中的企业家行为（尤其是后者）应采取自由放任的立场，这不是出于家长式的仁慈，而是出于在主权管辖范围内（国家）尽可能累积金钱财富和势力的自利考虑。国家政府经常过度管制和干预，这是民众常见的抱怨，当然也是资本的标准抱怨。在西方国家，自由至上主义者宣扬的是"个人真正自主和自由的时代"。

这种所谓"自由的时代"，其实是一种战略招数罢了。在美国新闻集团家族的媒体和美国的意识形态背后操控的是世界上最大的金融财阀，这是一个垄断的、世袭的金融巨头集团。这个集团操控着资本主义的走向和话语权。这种自由完全是用来掩饰追求利润、掠夺和控制他人的腐败恶行。历史上的历次农民起义和革命运动大多数是以争取自由为名义的武力抗争，以根本改变社会性质和运作模式。同时，世界上各个时期劳动者争取自主和自由权力的罢工、抗争请愿游行，也成为解决和控制这对矛盾的途径。

在基本要素的运作中，自由是一股欲望的动能力量，翻动起市场经济的巨浪。从哲学辩证角度看，资本的自由本质的趋利性，必然要冲破制约和束缚，以追求利润的最大化，让资本的自由变得无条件。其实这就是欲望经济学中的缺陷，即制衡条件缺位。中国的经济建设过程中，出现了粗放式的开发、开采、经营企业的现象，这些粗放式和野蛮式的自由，是建立在控制缺位的基础上的。而且这种自由的失衡更是建立在主题失衡的基础上，是利益的欲望失衡所致。此"自由"与西方的自由并非一致。其区别在于经济发展的自由变成了缺乏限制。“GDP至上”使得环境和资源的保护被暂时忽视了，这自然放大了自由权的缺位限制而形成了失衡的经济期，这也是失控的权力滥用期和权利的失衡期。

三、自由和权力制衡

失衡的自由其实是一种利益短视的欲望，也是自由的误区，是自由权力的失控。社会的自由是有条件限制的，即在允许条件范围内的自由权力。

当自由获得了畅通的坦途，欲望和潜能也就获得了提升的速度，这种欲望动能带来的加速度，像飞流直下川流不息的洪流一样汇入江海，形成了壮观的改革开放大潮。因此，在总结40年改革发展速度时，不能离开对欲望自由要素驱动作用的诠释。美、英、德等发达国家，虽然是自由资本主义制度，但基本上做到了10年一调整发展的激励与制衡政策法律，如英国伦敦金融城政策法律和管理机制的调整过程。伦敦金融城作为世界的三大金融中心之一，中国在30年前就开始学习模仿其金融管理制度。1986年英国就实行了金融行业监管，发展形成了与美国纽约并列的国际金融中心。经过了16年的运作，到了2012年，随着世界金融市场发展趋势的变化，金融城的管理机制已不适应当时的金融市场，于是英国出台了《金融服务法案》，将原英国金融监管局（FSA）和银行保险的监管分离给金融审慎监管局（PRA），自己改名为金融行为监管局（FCA），PRA设在英格兰银行之下，FCA则通过财政部向国会汇报。这就是“双峰”监管模式，即一个负责直接融资监管，一个负责间接融资监管；也就是一个负责控制系统性金融风险，另一个控制保护投资者和金融消费者的权益。除了“双峰”模式外，英国还有“上市监管局（UKLA）”和独立的“并购重组委员会”、“财务报告委员会”负责上市公司的财务信息披露等与资本市场相适应的相关监管机构。这就体现出市场经济发展需要一个平衡相适应的服务和制衡监督机构，自由才能在合理的框架内得到发展。中国的金融监督管理体系也是同期实行的金融行业监管，然而，中国延续了30年没有变，英国2013年全部改成金融行为监管了，我们在行业之外（社会）还是空白，还在沿用行业监管，并且是“单峰”制监管，缺少社会（金融行业之外）的监管。在这种“社会欲望自由”的泛滥下，形成了金融过度的权力自由，金融行为的制衡和监管不到位是其主要原因。

欲望被自由所掩盖，形成了一道迷雾，其实这是金融市场不成熟的表现，自由也就成了一个幌子。所以说，自由和制衡是一对矛盾，不能缺少任何一方，必须在一定的约束平衡框架内，才能取得平衡。

第十一章　诚信经济与欲望金融

“站在资本的立场，世界上多数人口正变得闲置和无关紧要，而资本将越来越仰赖虚拟资本的流通，以及以货币形式为核心，存在于信贷系统中的价值崇拜。”([美]大卫·哈维《资本社会的17个矛盾》)

2008年美国次贷危机时，资本的逐利性使得资本市场表现出脱离实体经济、社会劳动的规范作用趋于弱化的现象。特别是次贷危机的泡沫破裂表现出的资本体制堕落以及无法无天的掠夺行为的蔓延，使金融脱离了实体经济，脱离了诚信而演变成欲望金融，并且创造出了一个不生产任何产品的金融消费阶层。同时形成了这种脱离实体经济、因资本增值的虚拟炒作而膨胀的欲望金融。

第一节　欲望金融

所谓欲望金融，首先要确定一个属性，即资本的逐利性。资本的逐利行为会给人带来欲望的冲动和贪婪，在金融领域，在缺少限制的情况下，就会无限期地膨胀，甚至不能自拔。这就是欲望金融。它的前提和条件是限制（制衡）的缺失，因此也称之为缺陷金融。

金融和货币是资本运作的一个重要领域。金融和银行业的创新呈现出了爆炸性增长的倾向，利益驱使着欲望产生出贪婪，创造出虚拟资本的趋势。这些资本自由流通于信贷系统中及股市的价值投资潮流中，资本增值的贪欲加速推动着各种掠夺行径花样翻新（金融数字游戏），原始股、内部消息促进了资本价值投资。私募资金、股权投资、对冲基金加上这种以惊人速度开发出的炒股软件技术，推动着所谓高大上的金融体系、货币资本体系的欲望竞技场的形成。

其实金融领域既是社会生产的动力源也是经济的血液，同时在筹资聚源功能中，坚守诚信则是千年不变的根本。然而，金融（货币化和市场力量）被引入社会再生产领域的方向可能出现偏差。“借此替这一领域中遭剥夺权力者充权，则完全走错了方向。为一般民众提供理财训练，只会令他们暴露在遭市场上各种势力掠夺的危险中：他们试图管理自己的投资组合时，如同游在鲨鱼群中的小鱼。”（引自大卫·哈维《资本社会的 17 个矛盾》）

对于中国金融市场的发展历程，从经济学发展规律中去寻找结论有些牵强，并非完全吻合，但初期由于缺少严格到位的监管，欲望和贪婪在中国的金融市场上有所表现。从最初的单位动员购买本企业原始股和认购券开始，到塑造出“杨百万”“李百万”的暴富神话。股海人生让他们从平民变成富豪。在中国的资本市场上演绎着“成功者”的故事。这些用西方成熟的市场经济学原理无法准确地诠释的中国金融市场，用欲望经济学理论来诠释反而更加贴切。改革开放初期的一部分人试水成功，为后来者树立了风向标，中国股市的传奇形成了10年高歌猛进的势头，当时已有1亿股民试水获得回报。这时的金融市场已经形成了共同欲望，推动着中国投资市场的迅猛发展。

随着资本市场的发展与完善，正常的企业融资功能实现，推动了改革开放后的国企通过股市融资并成功摆脱国企的债务危机。一大批央企债务由负转正，且大幅度增值并进入世界五百强行列。从而国企转型第一步跨越成功，积累了强大的财富储备。因此，才成功跨进了第二步的航天科技、高铁、房地产等的高速发展。资本市场功不可没。其实这也是国家调控下资本市场突破（失衡）状况下成功获利的体现。

国企上市脱困了，这说明中国的资本市场要素功能在中国市场经济改革中作用的发挥是成功的。在市场经济股权制改革过程中，发挥欲望功能要素作用也是必不可少的，因为资本市场本身就是欲望产业。

然而这也是一次失衡的探险突破增长（股市）。它是有阶段性的，不可能是直线上升，于是改革开放后的股市第一段落结束了，寄希望在股市中致富的散户往往承受不住风险，为欲望和贪婪心理付出了代价。

于是，股民的贪婪和不成熟两种观点争论不休。那么到底谁是谁非直到现在也没有定论，其实这就是欲望经济学中的缺陷，或称缺陷经济学。缺陷是由两方面因素促成的，一个是市场的不成熟不完善，另一个是股民的不成熟。失衡的原因是制衡手段缺失或不完善，加之市场膨胀的欲望，带动了中国股市的初级阶段如脱缰的野马。

经验和教训是要完善制衡机制，又不能遏制其发展，这就是在发展制衡中的完善。中国股市的制衡在2017年达到了一个高峰，老虎苍蝇一起打，全年中央一行三会高密度的出台了300多份政策文件、制度、规定、条款等制衡措施。制度的笼子扎牢固了，对上市公司的监管更严厉了，退市制度也加紧完善。这就是中国股市从欲望的失衡又回到欲望的制衡中。同时，中国的基金投资理财市场也被全面划入严格监督制衡范畴，让欲望金融回归到诚信金融的轨道之中。

第二节　房地产的欲望价值

随着金融视线的转移，欲望的赌注更加贪婪地押在了房地产市场上，中国的房地产业迅速发展。

按照市场经济学的观点，市场经济的发展不需要政府干预，市场会自动调节平衡。然而在中国却创造了奇迹，中国人创造市场需求的能力让世界为之惊叹。现在回过头来看，就经济讲经济并不适应于中国，原因就在于中国人善于逆向思维，利用“虚文化”会突破底线。房子在中国成了资本投机获利的短期工具，而不是体现本应有的居住功能。此时的社会从广告、媒体等宣传和背后的金融操控等方面都配合驱动着人们的投资欲望（从中获利）。

资本的集中和欲望的推动，使整个中国进入了热岛效应的欲望失衡期。房屋开发供给，已经从追求使用价值为主，转变成以追求交换价值为主（升值）。在欲望的推动下，一大部分人在当时首先把疯狂增值的房屋变成了储蓄手段，其次又把它变成了一种投机工具。受惠于房屋的使用价值却日趋变质，而从交换价值日趋升值中获益的，可谓是一个产业庞大的集群。如房屋中介人员、房贷发放人员、律师、会计师、税务师、评估师、公证员等类职业经纪人。同时，建材装饰行业也一片兴旺，如钢铁、铝型材、水泥、木材及相关的机械五金等。建筑设计、城市景观、基础设施等更是空前的繁荣。可谓带动了一大批产业的升级和发展。

当房屋的使用价值仅仅是外在的有形物体，这时的欲望、贪婪已无法让人冷静，无力刹车。欲望金融成了背后的推手，全社会参与起了主导作用，将与房地产有关的产业和集群串联捆绑在一起。

我们冷静地用经济学原理分析，房地产的价值和增值之间是基于一种泡沫的支撑。本来房子的本质是居住使用功能，增值的应该是它的文化和凝固的艺术价值，那是历史的沉淀。而现实的增值恰恰是虚拟创造的欲望幻觉需求，是突破了诚信底线的市场炒作行为，带有巨大的欲望和贪婪的泡沫，其实危机就潜伏在其中了。

这是一种危机（泡沫），更确切地讲是一种失衡。当30年前人们拿着上海市黄金地段的产权房交换来的200万元人民币资金来到他们梦中的美国，30年后他们又拿着他们从美国奋斗赚到的翻了一倍的财富积累回到上海，这时他们做梦也没有想到当年卖掉的老洋房价值竟然翻了几番。

如果中国人没有想到也情有可原。那么大名鼎鼎的世界500强"家乐福"进入中国20多年，在中国大陆建立了230家门店和培训中心、仓储、总部办公等房产设施，然而所有的产权竟然都是租赁的。10年前，家乐福总部的中方财务官们就提醒董事会"买下这些房产比租金划算，有的3年的租金就可买下当时的房产。因这些房产多是些老厂房改造的"。然而，这些欧洲的精英们（董事）用他们惯性的思维否决了这个建议。现在看家乐福在中国大陆赚的钱还不够他们在一个城市（如上海）的门店产权买下后赚得多。资本的逐利行为在中国演绎的是脱离了使用价值和诚信价值轨道的弯道超车式的资本碰撞，形成了资本高赌注下的意外赢家。然而给这个社会带来的却是财富的两极分化，即从事虚拟的房地产会获得跳水升值，而从事实业则业绩平平，从而也造成了中国经济脱实向虚。如：许多老板在上海投资几百万元办企业，30 年后，最多赚了 1000 万元，仅相当于上海外环内一套 130 平方米住房。如果 20 年前将企业卖出 1000 万元投资房产，现在的收益就是几亿了。这就是中国欲望房地产的价值。

第三节 欲望与诚信的博弈

这种欲望推动下的失衡，政府一直在努力刹车和制衡（调整转型）。然而在失衡的惯性作用下，市场依然还会有回光返照。如 2015 年的“6.15”股灾和 2015 年到 2016 年的互联网金融诈骗，将散户和梦想抓住最后一颗稻草的投资者（中产阶层）一网打尽。

以上这些都是以资本炒作为目的，以击穿诚信经济底线的贪婪欲望做推动力，不惜隐藏埋伏道德风险泡沫做代价，用欲望推动的失衡增长。中国改革开放后的固定资产（包括基础设施）和财富实现了高速增长，但缺乏制衡的贪婪和诚信的缺失，造成了增长神话下社会分配的弱化，财富的两极分化，矛盾的突出。

要恢复诚信！每年的“上海陆家嘴金融论坛”都成为焦点，2016 年“上海陆家嘴金融城管理局理事会”在改革中成立，其职能是：改革政府金融监管模式，完成实现上海国际金融中心建设目标，建成全球金融资产功能配置的要素市场。

金融是国民经济调控的中枢和命脉，发达的经济体标志（实力）都体现在金融上。世界各大金融中心都是以金融资产管理中心为重点，特别在人性化诚信服务上，从个性到细节形成管家式、订制式、跟踪式服务。而我们还有很大空白（即商机）。放平心态（欲望）、恢复诚信是唯一路径。虽然中国富起来了，但50%以上先富起来的高净值人群将财富转移到西方发达的全球资产管理中心托管，以平衡风险、保值增值。这无疑体现出中国在国际金融中心建设中资产管理诚信体系的缺位与失衡（失信）。金融体系内还存在监管缺位，体制机制不适应（落后于）金融市场的发展的问题。因此，加大金融改革力度、恢复诚信，决定着国家经济改革的成败。金融诚信化的服务体系建设是关键。资金的外流就是对非诚信金融服务体系的制衡（财富安全和保值）。这也是欲望和诚信的博弈。

第十二章　资本与人力资本

当人们的欲望消退之时，中国的发展给我们带来了更多的冷静思考。有的提出顶层设计、有的提出体制和机制，但都没有触及根本性的实质问题。这就是市场经济条件下的资本属性问题和生产工作领域之外的社会（生存）再生产问题。这也反映了国家的性质（社会主义），其实这又是平衡经济学中失衡要素的关键。特别是社会再生产的含义：它是满足社会人的生存成长需求的再生产。首先是人力资本需求，也是民生需求。

第一节　资本的解读

资本，包括货币资本和人力资本。然而在现代市场经济条件下，特别是在中国40年的高速经济发展中，资本被误读了。它的解释变成了一个误区，却影响着十几亿人的命运。

一、属性解读

马克思利用“拜物教”一词来谈发生在我们周围那些伪装、掩饰和扭曲。他写道：“如果所有事务就像表面看来那样，我们将不需要科学。”马克思也希望穿透表象，真正了解资本的流通和积累。

资本和资本主义是一对矛盾，也是一种形态和过程。本书讨论的是资本，而非资本主义。主要是讨论资本积累的引擎在哪里，以促进对中国改革开放后资本积累中所遇到问题的认识，发现资本积累的危机，也就是资本的属性。

资本的属性即趋利性。既然称其为资本或由资源转化为资本，那它必须具备增值功能，这是它的趋利属性决定的。纯自然资源，如土地、山林、风景田园等属于公共资源，不存在其增值，只能是客观存在。一旦把它冠以产权，注入所有权人，它就变成了资本。它可以投资、可以增值、可以买卖、可以转让、可以抵押等等。而在操作运营的过程中依据的媒介标尺就是货币，也就有了价格和价值。这些美好的生态资源及其地下矿产有着天然的使用价值。当它变成资本后，增加的是其交换价值。因此，资本的属性具有双重性。

资本的双重性被传统的经济学家所忽视了，这也是中国经济改革失衡期的理论误区。所以研究平衡经济学必须探索研究资本的双重属性和特点及规律，才能更深入地揭示其本质。

资本的双重性，从物理学上看它是一种运动的过程

（交换），同时又是一种物体（东西）。其一，资本的持续流通是一种过程（运动）的流动，在流动和交换的过程中不断增值获利。其二，是资本出现的形式是物质的形态，即货币或资源（物体）及商品。其两者之间又存在着矛盾，其矛盾会随着市场的发展变化而变化，或是平衡，或是失衡（即动荡和危机）。

二、操作解读

所谓操作，就是资本流动的过程。这个过程到底产生了什么？我们一直讲生产要素，却没有静下心来探索一下资本形成的要素和其运作的要素。

从传统的经济学中，我们可以假设资本的流动。一名诚实守信且行为端正的企业家（资本家），遵守国家市场经济的所有法律法规，这名企业家起初要掌握（拥有）一定数额的资金（钱的来源这里不重要）。首先要购买生产要素（工具）：包括土地和土地范围内所有资源（包括矿产）的使用权，以及原材料、能源和机器设备及雇佣工人。接着企业家按照设计图纸建设和投产（或是实物、或是过程、或是服务）。经过市场交换实现了价值的转移，也满足了市场上的需求。企业家最后收回了投资成本，还赚到了一定利润。此时资本再次回到了它的货币形式。

这就是资本操作经营模式：资本（货币）——过程——变成货币。而资本（货币）转化为货币（增值了的货币），即收回和得到了成本和利润。国家在成本中还体现了税金。这里面利润的部分便涉及员工成本和剩余价值。此理论在马克思经济学理论中已经论述得非常清楚。

在这里重点谈一下资本流通的障碍，即速度问题。也就是说资本流通的速度越快，企业家的收益也就越高。那么影响速度的障碍是什么？这是马克思主义传统经济理论中所没有涉及的，即中间环节和流通环节。

由于资本流通受到潜在的障碍阻挠，导致资本在流通时间上放慢而贬值；也由于潜在的障碍阻挠，导致影响资本流通过程中的成本提升。资本所有者（企业家和投资者）想方设法顺利通过这些障碍，就产生了行走的路线图。

当投资者看准了市场的需求，决定投资时，首先进行市场调研（先支付可行性研究费用），接着购买生产要素的前提是注册（要经受各种审批，特殊行业要增加特殊审批和费用）。投资者对选中的要素对象（如土地、矿产等自然资源要素或需要拆迁的旧区、工业园区等）进行购买、征用或租赁时，需要先期投入资本，前期通关打通后，进入建设期。过了这一关，就进入交付和投产期，即验收阶段。要想提高速度就要加大通关费用（一般企业都专门设立了一个公关的专业部门，并预算出公关费用）。过了这一期，项目产品都到了交付市场运作的时期了。这一时期的障碍是中间商和金融银行业者的运作活动。中间商高额的利润且带有一定的垄断和金融业者高额的租息，形成了交换价值的投机增长（升值）。这种垄断和投机的力量，推动着高额资本的产生（资本的成本）。最终由这些高额的成本转化成了价格并直接转嫁给了消费者，导致交换价值严重背离了使用价值的最后接受者。

第二节　人力资本解读

人力资本似乎是一个怪异的概念，此概念最早是亚当·斯密提出的，他认为劳动者获得生产技能，无论是通过“教育、研究或当学徒，总是付出真实的成本；这些成本如同固定和实现在劳动者身上的一种资本。这些生产技能是劳动者个人财富的一部分，也是当事人所属社会的财富。工匠技术提升，如同购置提升效率或节省劳力的机器或工具，虽然须付出一定的成本，但可以连本带利赚回来”。

20世纪60年代，美国经济学家舒尔茨和贝克尔创立了人力资本理论，开辟了关于人类生产能力的新思路。人力资本作为体现在人身上的资本，即生产者进行教育、职业培训等支出及其在接受教育时的机会成本等的总和，表现为蕴含于人身上的各种生产知识、劳动与管理技能以及健康素质的存量总和。

教育和培训创造出富有生产力的劳动力，因而人力资本的理论就此而产生了，同时问题也出现了。

一、教育是如何失衡的

从古至今，教育都是一个民族一个国家兴旺的基石。中国古代教育包括孔子私塾教育及历朝历代的皇子教育、朝廷为培养选拔官吏而进行的教育，从汉朝开始就有了“官学”“太学”“郡学”“府学”“县学”等。但最初的启蒙还是私塾，宋代以后才有了“书院”。近现代的教育，以“洋务运动”和引进西学即教会学校为代表。如1850年的“上海徐汇中学”等。然而大幅度的教育提升还是在1919年的“五四运动”后，中国的官办教育和民办教育开始引进科学普及及智力开发。这其中也涌现出了一批为国为民的教育家。如晏阳初的乡村平民教育、蔡元培主张“教育救国”，“大学生当以研究学术为天职，不当以大学为升官发财之阶梯”。蔡元培的老师、著名教育家马相伯一生为教书育人而奋斗，倡导“自强之道，以做育人才为本，求才之道，尤以设立学堂为先”。因此，他筹办了震旦学院、复旦大学等。新中国成立后的教育更是成了立国之基石、兴国之资本。这是国家之资本。

中国的教育，在改革开放的过程中也飞速地发展（大学的数量），取得了显著的成就。教育改革有成功与失败，就教育谈教育很难发现问题的本质。但把它放到社会的实践中去检验，你就会感到社会的认同感和民众的纠结度成了一种病症。国际上也不乏反对之声，认为中国的教育只能培养出“精英”，但培养不出大师，而且离培养出大师的教育越来越远。有人认为是应试教育的问题，笔者认为这只是皮毛。因此在这里没有单独作为一章来详细论述，只是将其放到资本要素中加以阐述。这样就会发现教育是如何失衡的，并且远离了它的本质。

人力资本是由教育创造的。那么教育的定位在哪里就显得非常重要了。1997年中国经济软着陆时，其中一项举措就是教育市场化。之后的教育逐渐形成了精英教育，在精英教育中倡导的就是“精英资本”化，即人力资本的高附加值。

教育问题其关键是社会问题，是社会的生产制造经营领域与社会人的生存成长再生产领域的混淆问题，即中国经济学的指导思想出了问题，这样就对社会形成了迷雾，结果是统统市场化，以经济利益为中心。

资本的趋利性决定了资本的投入必须有利益。那么人力资本的再生产是否与物质的再生产同步，人这个活劳动的资本投入又该如何界定呢？投入人力资本的利益回报又在哪里呢？它的所有权又在哪里？我将从人力资本切入口进行阐述。

二、教育培训与人力资本

人力资本即人的受教育程度、科技创新能力和职业技能的培养成本投入。人力资本与教育培训的关系形成了中国改革开放的一个困惑（包括成本投入、回报利润、交换价值）。

首先是投入问题。人力资本涉及的教育投入问题由谁来买单？国家九年制义务教育对于劳动力来讲，只是基础教育，而今中国的劳动密集型的初级加工企业已转型为现代的自动化（甚至是智能化）生产企业，要求劳动者最低学历也要高中以上甚至是专业学校培养的大专以上人才。这就带来了一个问题，义务教育并不能解决社会劳动力的教育成本问题。大批的劳动力需要由自己的家庭来投资其专业教育和大学教育的费用。因而中国家庭的教育支出占用了中国普通劳动者家庭收入的重要部分。虽然金融机构推出了教育贷款商业模式，但又带来了一系列的问题（如毕业后还贷的诚信问题）。目前教育界也逐渐认识到了这个问题，开始建立各种帮困基金，努力在机制上解决这个失衡的问题。

所谓机制就是人的生存、成长的再生产投入系统机制。此机制是发达国家和社会主义国家必备的基础保障系统。它是对人从出生到死亡的生存基础保障，也是现代文明社会的标志。问题就在改革开放发展经济要打破旧的、不合理的机制，进行创新再造。

其次，是教育培训内容问题。从现代社会发展的速度看，学校的教育并不能满足于经济需求，于是社会教育培训自然就有了商机。然而从人力资本角度讲，生产力要想适应社会发展所要求的技能需求，必须再学习培训，甚至是终身学习。于是中国的教育培训如雨后春笋般兴起。按照现代市场经济的发展，有些需求要素是人为创造的（即炒作出来的需求）。而且费用增长速度之快，价格也更加惊人，甚至变成了培养贵族阶层的标牌（如MBA、EMBA培训等）。

从这些教育培训内容上看，不乏流行的作秀知识（与现实脱节），因而是吸金机器，让受教育者耗时伤财。但这种失衡的教育形成了一股潮流（人为炒作出来的），牵着受教育者的钱袋子，引导着受教育者的消费取向。另外有一些教育培训内容是各企业人力资源部门招聘必备的证书条件。因此这部分证书培训仅有一少部分是由企业（单位）出资（培训费报销），其余是劳动者为了增加应聘条件，不得已去自费培训考证。

这种欲望教育推动下的社会教育，打造出了一个失衡的人力资本培训市场。参与者和被教育者满腹酸甜苦辣，学到的是扭曲的理论（包括过时的理论），误导了教育消费，人为地划分出了层级（涌现出了拿着高学历证书而没有知识的管理者，即花钱买证书）。

当这些受过教育和培训的人作为人力资本进入市场招聘录用平台（进入流通交换），体现出的交换价值远不如他们的想象，当他们进入生产（工作）后创造出来的价值也并非全部归他们所有。因此人力资本的理论在这里制造了一个假象，人力资本与货币资本有着本质的区别。投入和产出不能成正比，甚至是当劳动者为企业创造出更高的劳动成效时，他们分享的成果却是不升反降。这里就看出了人力资本所掩盖的矛盾。教育及科学技术确实能够提升生产力，但是作为人力资本分享的利润和成果却与物质（货币）资本的所有者分享的利润和成果有着天壤之别。最终的成果是由资本而非劳动者获得。

其三，人力资本的交换价值失衡。这也是中国改革开放以来的一个重大社会现象。即人的才能与天赋是一种资本，甚至是一种品牌，通过操作和营销进入流通市场进行交易，实现其交换价值的增值。虽然这方面的人员数量属于少数，但它体现出了这种资本的差异化、个性化，且能赚取垄断性的租金和超高额的金钱利润。这种差异和独特性的资本交换价值称得上是一种天赋的投资。这就是所谓的人力资本的价值失衡，如近20多年来中国演艺明星的交换价值失衡，形成了演艺、体育明星的中国大陆淘金市场，在中国涌现出诸多千万元甚至亿元身价的明星。这并非只是他们的天赋才华的价值体现，更多是他们的交易流通环节的交换价值提升。

交换价值的失衡，改变着整个社会的价值观。人力资本交换的失衡并非是市场的真实需求，而是忽视底线的市场炒作，是虚无的泡沫充实着真实的价值，没有道德底线的交易（价格炒作）源于欲望，即失衡的欲望。

第十三章　新常态中的制衡型改革

失衡在经济关系中的定义，被西方现代经济学家们概括为异化，被认为是资本主义危险的矛盾之一。解决异化问题的手段是大幅度提高社会正义和民主治理的水平，即政治手段解决（政府制衡与平衡）。这也是制衡手段的调节作用。对于中国经济改革过程的失衡，中国政府通过调整发展理念和发展宗旨、调整结构、提高正义和民主治理的改革来实现。这种改革在西方资本主义国家权力受到制约和限制的状态下是不可想象能实现的，但这是中国经济社会的政府治理的新常态，重点是要解决改革不充分不到位而导致的社会失衡问题，其治理力度是出乎经济学家们想象的。

第一节　异化与失衡的社会机理

20世纪70年代西方自由主义的崛起，改变了资本的发展方向。西方资本主义国家出现了20世纪80年代的私有化浪潮，俄罗斯的“休克疗法”，以及拉美国家进行的以“华盛顿共识”为基础的变革。其原则就是“贸易自由化、价格市场化和私有化”，反对微观层次和宏观层次的政府调控，主张自由竞争、自由经营、自由贸易，坚信自由竞争市场势力的自发作用能够保证经济生活的协调和稳定增长，而国家只需充当为自由竞争市场经济创造良好外部条件的“守夜人”即可。即提倡自由化、私有化、市场化和全球化。其特征是：应把公有资产出售给私人；贫富两极分化是高效率前提的正常现象；反对国家干预；主张无产业保护的外向型出口导向战略。

这种异化失衡状态引起的东欧剧变对中国的经济发展是一大冲击。当时中国还没有形成完全的市场经济，好在中国已经处在经济全面复苏的过程中，良好的民众基础和稳定的政府引导，使中国当时的经济快速发展。

所谓异化这个动词在这里包括了如下几种内涵。它作为法律用词是指将产权转让给别人，如土地权的转让，将农业用地产权转让出去，变成商业用房（产权性质）开发用地。在社会关系上，是指对领袖或体制或某项政治信仰的感情，如忠诚和信任变得淡薄，可能转移至另一目标上（可能是社会的改变诱惑）。人和体制（例如国家法律、金融体系、政治制度）的信任异化（即信任危机与丧失），会极其严重地损害社会结构和社会价值观。作为个人主动的心理状态（感受），异化式的失衡，实际上是指自身实际上或感觉上被压迫和剥削，因而感到愤怒（不满）和充满敌意，并以行动（个体或群体的）发泄这种愤怒和敌意，有时甚至会（没有明确合理目标）以激烈行为宣泄对世界和社会的不满，如改革中发生的个体（上访）事件和群体事件（罢工游行）等。

由于种种改革后出现的社会异化（失衡）现象，如工作的异化，无法满足劳动者的补偿（社会再生产）消费的异化；分配不公，贫富差距和与自然的不和谐（环境污染和假劣商品）关系等。民众对资本的种种离谱现象的不满程度升高，无疑成了想要对抗和战胜资本势力的催化剂。这就是异化式的失衡。当处于异化状态的民众和自身受到排斥疏离时，他们身心也就受到伤害而感到挫折和沮丧，进而这种失落和悲伤会内化为被剥削与被剥夺的异化愤怒，于是事物的发展就会由失衡转变为严重失衡。

这种状态下需要的不再是资本，因资本的逐利性质只能是收买个别人，不可能收买民众，如果收买了民众，资本也就消失了，即世界也就是大同了。因此，这时需要政治和民主来调和平衡这种矛盾和冲突，以制衡异化的进一步发展，平衡社会资本经济引擎产生的多种形式的异化，并将压抑已久的相关能量、愤怒、失落和挫折感引导为尊重民众感受和需求。对资本的引导和制衡由国家政府来完成，发挥政府平衡调节的杠杆作用以调整财富的再分配功能及社会再生产的保障功能，使社会的理性化解、平衡调节功能和资本的发展经济引擎的功能结构相协调，建立起一种辩证的互动的鱼水关系。国家历来承担着这种义务和拥有公正和公平的使命责任，即凝聚社会、平衡阶层、寻求建立公平公正的社会责任。也就是说在经济和社会发展过程中，政府有着不可推卸的职责和不可替代的作用，不可缺位。政府并非“守夜人”，政府的作用是平衡各利益主体之间的关系，不可缺位，缺位将导致失衡。

第二节　构建新发展理念

2012 年中国改革开放的风向标定位在中共召开的第十八次代表大会。至此，中国的政治和经济格局开始了转型，重新确定新的发展理念。经济结构开始调整，缺少制衡的经济行为受到国家权力的制衡，进而产生反应。自由经济带来的全球化所引起的政治反应带有全球性的特征，即中国经济社会进入了新常态。所谓新常态就是平衡协调发展新理念的发展期。

当这种新常态开始之际，正是新自由主义学派的“中国崩溃论”压顶之时。理论界及政界都对中国的失衡感到迷茫，甚至政界和学界又出现了改革否定论的思潮，直到现在有些学者和政界人士仍然用政治的观点（却又不是真政治，只是官场的打击异己方式）来看待中国经济的得失。而新一届政府则顺势而为制定新的发展战略，这也是一场宏观制衡利益的较量。中国改革开放的过程也是中国的经济理论探索创新的过程，阶段性的发展、阶段性的调整都是在发展的框架内的提升和进步。都让社会的发展提升到一个新的阶段。

中国坚定地提出“毫不动摇坚持发展中国特色社会主义”，并阐释了“中国梦”。其实这是用平衡经济的发展理念提出阶段性的目标任务，也是远期和近期发展目标的规划，这种规划既有激励要素，又有挖掘释放潜能动力，也是宏观现实的顶层规划设计。**新一届政府也考虑到中国社会的复杂现状，顺势而为，逐渐深入地将其发展理念扭转过来**。

第三节　金融领域的制衡博弈

中国改革开放的最后一个堡垒是金融。金融是失衡的异化动力和舵手，即经济木偶背后的牵线人。实体经济离开了金融真的是寸步难行。

最终经济发展的成果决定在于金融。而新常态化的建立并非一帆风顺，虽然是没动一枪一炮，但在经济领域，特别是金融上的博弈可谓惨不忍睹。首先的问题是资金缺口，经济下滑严重。而理论界和媒体拼命制造一个概念：增长就是发展进步，下滑就是落后倒退。似乎中国这枚火箭就只有直线上升，就不能变轨前行。这种教条的概念给新一届政府以沉重压力，显而易见，靠说教只会适得其反。那只有靠博弈来亮剑，这就是资本金融的博弈。

2013年上半年中国货币环境还延续了上一年的偏松状态，由于M2的内生性变量增强，社会融资总额在实体经济外围循环。宽松的流动性（表外业务）在缺乏监管（或监管不当）的情况下泛滥，使中国货币供应增长速度明显高于GDP增长速度，导致M2对GDP的不断攀升，使中国金融市场出现表面的两难局面。即一方面流动性过剩，另一方面实体经济融资难度增加。

金融的问题是中国经济多年来积累的失衡和异化形成的。一方面储蓄存款率偏高，形成了世界第一的强大储蓄率，而流动性降低（偏差）。另一方面社会购买力需求下降，市场库存增加，企业周转速度降低。其实这一突出矛盾仍然是资本流通过程中社会再生产的国家投入下降而导致。

高额的中国储蓄存款并不代表民众对商品的需求，反而是对民众生活前景的不可预测性的风险储备。同时也说明中国的金融风险存在于对市场真实需求的偏离中，民众的参与度有限（即未来保险金融的潜力巨大）。这正说明金融杠杆的失衡。

股市对于上市公司来讲是融资平台，即资本聚集融合之源泉。而对于投资者（股民）来讲，可以作为货币价值储存的手段和渠道。因此，资本市场是现代市场经济不可缺少的资本流通、价值提升的交换平台。

然而，多年失衡走向的金融，难以轻易扭转。在此新常态下，博弈更加激烈。一方面，金融上有政策下有违规操作；另一方面，理论界出现了杂音：要砍断政府调控这只手，高调反对《劳动合同法》和《反不正当竞争法》，博弈中明显地暴露出资本的随意性，也体现出资本的流通过程与政府的宏观调控平衡是一对尖锐的矛盾。

到了2014年下半年，特别是第四季度，资本开始在股市发力，沪深股指在资本的推动下不断上涨，到了年底上证指数已收于3234.68点，较2013年上涨1118.70点，涨幅为52.9%。年内最低时1991.25点，沪市全年累计成交37.7万亿元，日均成交1539.4亿元，同比增长59.1%。

其实这是欲望金融的博弈。受世界经济趋势的影响，在全球经济体增长放缓、复苏乏力的情况下，中国的金融爆发出了新行情。

2015年初股市一路高歌。各大金融机构、上市公司、民间资本一路冲进来（股市）。逐利的欲望异化着中国的股市，在中国的沪市和深市的空气中弥漫着金钱的味道。人们大量拥进股市，“80后”、“90后”青年人和学子成了这一轮股市的主力军。疯狂的股民变卖房产炒股，一夜暴富的神话天天上演。到了2015年6月12日沪指站上了5178.19点新高。推波助澜的“侠之大者，为国接盘”“一万点不是梦”的嘶喊声从“股评专家”的口中喊出。到了2015年6月15日（周一）股市开始暴跌，到7月8日跌破了3421点，跌幅达34%。

从8月18日至26日，沪指由4000点下跌至2850点，跌幅达29%。欲望失控的狂躁似乎还在空中回荡。失衡让股民凝固在惊慌的不知所措中。然而已经烟消云散的梦想变成了一片狼藉的大盘。这就是资本流通过程在金融资本市场上的博弈（对赌）。

此轮股灾的硝烟还没有散尽，酝酿之中的第二轮金融风暴更加明目张胆地冲来。面对失衡的金融市场，外行人很难识破其中的奥秘。因为在这些异化的失衡中，是带有知识性和误导性的创新金融，不仅普通民众上当受骗，而公务员、教师、医生、媒体记者等知识群体也成为金融的虎口之食。究其原因：首先中国真正懂金融的是小众群体中的小众，大部分的民众不懂金融。其次，金融属于知识经济，外界很难搞懂它的套路。其三，就是利益的诱导。这一轮理财产品、互联网基金的高额回报率吸引了大批投资民众。

对此，人民开始反思了，这种失衡的异化金融现象到底是如何发生的？我们缺少了什么？我们又多了什么？

第四节 制衡要首尾相连

2013年新春伊始，中国在政治领域和经济领域的反腐败攻势开始了。而且是首尾相连，既要打老虎，也要拍苍蝇。这是营造一个健康有为社会所必需的。无论金融还是环境；无论资本的流通还是中间环节的制衡；教育、医疗、住房、养老等等，从中央到地方，从要素市场到权益的内在公平，从经济体量的提升到社会的健康平衡，都体现出健康有为社会的到来。

从现代经济的理论上看，存在两种争议。一是凯恩斯主义把自由放任主义转变为国家干预经济，由此把收支平衡作为理财的基本原则转变为促成经济平衡发展的基本原则，把税收仅作为收入的因素转变为经济平衡发展的因素，即调整收入分配悬殊差距的工具是税收调节。二是新自由主义的经济学派主张反对微观层次和宏观层次的政府调控，主张市场竞争、贸易、经营的自由权和市场的自发作用，用来调整社会和市场，政府只充当为市场经济创造好外部环境条件的“守夜人”。

当然这两种学派都无法完全适用于中国和平衡中国经济社会。因为两种学派都忽视了人的欲望本能。欲望的初级阶段（小欲）带有趋利功能要素。在基本的流通过程中形成了阻断型的延伸中间环节。这种对马克思的人力资本的活劳动前后形成了新的阻断（敲诈）要素，使资本的很大一块利润（剩余价值）被砍掉了。这就是资本流通中的腐败要素。经济学家计算资本流通过程的增值因素时，并没有把腐败列进去。但现实中却真实存在。这就是中国新一届政府的经济制衡决策的第一步，从中央到地方的全面反腐败。腐败是制约经济发展、导致发展失衡的主要因素之一。这也是经济失衡异化治理的国家行动。然而，这与以往不同，它是治理经济环境（包括政治环境）、平衡经济健康发展的要素之一。既然与经济有关，自然少不了与资本利益之间产生抗衡。这就是平衡经济学中失衡、严重失衡、制衡规律中的相互较量与抗衡（这是制衡的反作用）。这是资本流通运动过程中经济要素利益被剥夺的挣扎和抗衡。这也是欲望经济中的投机欲望被阻断而形成的抗衡要素。因此治理腐败必须从头到脚地与整个资本运行过程及政府监管运作过程的全要素制约相对接，使经济恢复健康的要素流通过程。

第五节　国家经济发展与平衡

平衡经济学最大的难点在于制衡过程。其过程中最关键的是制衡标准，也就是经济社会发展的标准。

标准问题自新中国成立以来就没有停止讨论过。其实标准，也是发展理念。就像一个人身体是否健康，衡量的标准就是“此人是否生活有规律、营养是否均衡、心理素质是否健康”等要素。有的人说：我天天吃好的，山珍海味竟是大餐。但这不一定营养均衡，也未必是健康。有人说：我每晚都去唱卡拉 OK，但这不一定叫快乐。经济发展的标准也是如此。世界第二大经济体并非是一个均衡健康的经济体。中共十八届五中全会提出“以人民为中心”的发展理念，这就是经济发展的标准。经济增长了人民是否有获得感、幸福感；国家富裕了，环境是否保持清新优美（山清水秀无污染）；生产发展了，社会再生产的国家投入是否满足了人民生存发展的愿望和需求（即对美好生活的需要）；等等。

中国的平衡经济学并没有形成。一旦谈到调整、制衡，大部分官员和学者就认为是政治运动，似乎中国人对政治太敏感了。一谈反腐，就认为是政治运动。同时一谈到投资就要政府退出市场。这就是中国失衡异化的现象，其实是没有形成中国自己的经济理论，盲目用西方经济理论套用中国的现实。

然而，这些干扰和较量并没有动摇中国经济调整制衡的决策和行动。供给侧结构性改革在稳步推进，现在已进入到关键阶段。制衡结果已经显现，平衡的成果已露端倪。在失衡与制衡中经济的要素得到合理的组合，流通的秩序得到净化和提升。自由在合理的区间内找到了幸福感。制衡中的平衡让中国经济社会开始了全面的经济调整。

这就是供给侧结构性改革的理论初战告捷，让中国告别失衡异化的经济增长模式，全面走向平衡。不论学者还是官员及民众，对于常态化和异化之间的关系大多数是不完全理解。这在前几章已阐述过，从倾斜到失衡的过程，社会发展的机理已发生了变化。不论是经济还是政治，都是社会形态中一个有序的整体，都有内在的规律可循。一旦偏离了规律和方向，即逆向发展，这就是从常态化进入到异化。异化逆行发展的结果，就是受到自然界、社会和所有经济要素的制约而出现逆反。

因此，**这里的新常态就是指经过制衡调整发展后的平衡经济和平衡社会**。这也是社会平衡经济学不同于凯恩斯主义和新自由主义的现代社会经济发展学说的地方，即从异化（失衡）到制衡（新常态）的平衡。因此说，新常态的中国经济发展不是政治运动，而是平衡经济理论里必不可少的制衡（反异化、反腐败、净化经济流通环境）环节，以达到新的平衡（新常态）。

第十四章　全面的供给侧结构性改革

经济运行过程是存在周期性的，即倾斜—失衡—严重失衡—崩溃。这一循环的过程遵循了人的欲望追求和趋势。当欲望的天平失衡时，欲望中贪婪（小欲）的本能性受到利益驱动，疯狂地追逐着感官的满足，陷进了异化的深渊。此时要挽回失衡的欲望和异化的经济，就必须采取制约和限制（制衡）。否则就会顺其自然地转到经济危机的轨道上来。这在世界经济史上两次大的经济危机（大萧条）都有体现。

特别是美国在“柯立芝繁荣”时期的“无为而治”，认为“少管闲事的政府是最好的政府”，即“小政府、大市场”。此经济政策的实质是完全的自由放任主义。政府对市场的过度放任，尤其是金融信贷领域的监管不力而直接导致了1929年到1933年的世界经济大萧条。

历史是一面镜子，其实更是相同条件下，人性欲望（利益）驱动着资本的随意和放任导致市场运作结果作出的反馈。里根、撒切尔夫人时期的“大资本、小工会、小政府”改革模式使国家政权被资本所绑架，资本主导权力在经济增长和财富分配中占据支配地位，导致社会两极分化。历史在警示着我们，不可随意任性！经济发展有其科学的发展规律，不尊重它或忽视它，自然会受到惩罚。

第一节　平衡垄断与调整结构

造成世界上两次全球经济危机和金融危机（1930年和2008年）的原因都是金融放任自由的虚假繁荣导致的经济产业结构失衡。中国新一届政府提出的供给侧结构性改革，是以国家宏观经济调控的手段，制衡调整优化经济结构，淘汰过剩的落后产能，使其净化阻碍市场运作的壁垒，优化适合现代经济发展的结构，清除杂质、疏通流转运行管道，使中国的经济结构、产业结构、社会结构与国家经济的高速发展相协调。

关于政府出手直接调节干预，在国内外许多经济学家的观点中是见仁见智，有赞成的，也有反对的。亚当·斯密主张在公共事业和基础设施及社会环境方面，建议政府加以管制。当受到2007年至2009年金融危机的冲击时，经济学家们对垄断和竞争的论述也开始动摇。他们认为：追求自身私利的企业家（包括银行家），显然对大众的福祉没有贡献。而在美国，美联储拯救银行而非民众。经济学家斯蒂格利茨认为：致富有两种办法，“创造财富，或是夺取别人的财富。前者对社会有贡献，后者通常有害，因为在夺取别人财富的过程中，财富会遭到破坏”。其实这就是“寻租”，也称为“剥夺式积累”。如同斯蒂格利茨所言：“最近30年最重要的商业创新中，有一些并不是以提升经济效率为宗旨，而是希望能更好地保护垄断力，更好地规避政府旨在调和社会收益与私人报酬的管制。”

关于垄断力的认识，笔者更倾向于它是资本发展的一个高级阶段。从资本角度来讲，企业家（资本家）在推动资本流通的过程中，希望实现垄断市场（某个市场）而非与别人竞争。而且资本在追求垄断时是多多益善，永不嫌多。他们追求的是垄断的地位和话语权。

对此，笔者从企业的市场垄断和竞争这一对矛盾中发现，资本所起的作用是促进发展，追求垄断，最后市场变成了几大寡头在控制。竞争是在发展演变中的优胜劣汰，同时资本在市场中的流通过程（即逐利过程）不会对社会和大众的福祉作出贡献。经济结构、环境结构、社会福利结构并非靠资本的竞争来平衡实现。这就需要由国家政府这双有力的手来调节平衡。这也是尊重市场运行的规律和法则，由国家政府来平衡失衡和异化的结构性社会问题（产业结构、社会福利结构、自然环境结构）。

中国政府调节的原则就是五大发展理念（标准），即创新、协调、绿色、开放、共享。于是政府就提倡“从提高供给质量出发，用改革的办法推进结构调整，矫正要素配置的扭曲，扩大有效供给，提高供给结构对需求变化的适应性和灵活性，提高全要素生产率，更好满足广大人民群众的需要，促进经济社会持续健康发展”。这就是国家调节平衡的标准。

国家是一种有边界的地域实体，是在与资本无关的情况下形成的。国家的利益（包括资本主义国家）并不等同于资本的利益。国家的机构组成了一个复杂的联合体（包括政治、经济、司法、教育、医疗、商业贸易、制度和权利、军队和警察等）。国家和社会是全方位相通的利益（制度）体系。资本并非是国家必须响应的唯一利益，也并非被利益集团控制。国家干预背后是由国家性质决定的统治意识形态。因此，当国家经济发展出现失衡异化状态时，为维护国家性质的独特利益不受损害，国家必将采取可能的方式与手段进行平衡的行动，也可能违背资本利益的行动。但这种行动必须是有利于纠正失衡的经济和失衡的社会形态，有利于国家性质的需求（国家宪法授予了国家的制衡权力）。

现在中国政府提出**“以人民为中心”的发展理念**，这也是符合国家性质的。

第二节 可持续发展与优化环境

中国政府的五大发展理念中，“协调”就是平衡，“绿色”就是环境的优化，它们与经济发展不可分割，但与资本的私有却是一对矛盾，会遏制资本逐利的短视行为，使资本的负面性（破坏性）得到控制和清除，以恢复生态环境的平衡。

资本为追逐利益回报，对森林乱砍滥伐，形成了荒山秃岭，破坏了生态环境，造成了水土流失，草原沙化；矿山资源也遭到盲目开采，地陷、塌方等事故层出不穷。这种缺少制约的资本随意性的追求，使生产力的发展和效率的提升建立在异化型的失衡之上（粗放型）。这并非是社会经济的正常形态。这其实是人们对经济深层次规律的认识没能深入到关键之处。

人类都有一个共性，欲望、利益、诱惑属于人类进化的初始阶段的小欲生存需求，自然就存在着一个潜在规则，即弱肉强食，优胜劣汰。然而人类社会进入到文明时代，体现文明的潜在和明确的法律、规则诞生了，而且又制定了法律面前人人平等的法理和执行原则。这就形成了对人性欲望的约束。约束（限制）是文明社会的标志。文明社会的任何领域都是如此。所谓的自由市场经济，即不超越规则限制范围内的自由。超出了限制规则的自由，就叫野蛮粗放的经营增长，并非文明自由。

当中国进入新常态（制衡调整阶段）时，面对经济发展思路的转变，需求结构也发生了巨大变化，特别是消费升级加快，消费需求由一般的数量需求增长向更高水平、更高质量的需求转变，人民群众的需要由一般的物质文化需要向不断升级和个性化的物质文化需要以及生态环境需要转变。但中国改革开放发展的现实是：

供给结构不能适应消费结构的升级变化，所提供产品的质量、品种、性能、营销方式等满足不了需求变化，因而出现了国内相关领域（行业）产能过剩和居民消费外流并存的局面。在这种状态下，单靠市场自动调节，时间和速度及效率（都不允许过长）都会进入到破产和倒闭、优胜劣汰的危机中。而要靠政府这只强有力的手控制时间、速度、平衡新旧的转换，调整结构动态的均衡，这样才能提高供给体系的质量和效率，恢复良好的生态环境，满足民众的真实需求。

2008年国际金融危机冲击下的西方国家（发达经济体）基本按照凯恩斯主义的思路，从需求侧发力，实行扩张性财政政策和货币政策，虽然短期可以稳定经济，但政策刺激的边际效益不断衰减，不良后果逐渐凸显，导致危机后世界经济增长和贸易增速持续低迷下滑。因此，解决供需失衡问题还要从需求入手，靠供给发力。因为这是供给失衡导致的需求外流，是供给脱离了现实需求、盲目投资失衡所造成的（市场失衡异化乱象）。问题的根源是结构失衡，导致经济循环不畅，必须从供给侧结构性上进行改革、调整、制衡，才能实现和达到新的供求关系动态平衡。这就是新一届中国政府的科学判断形成的发展转型和调控平衡经济的战略思路。

供给侧结构性改革着眼于净化优化经济结构，同时也扩大需求端和重视生产端，从质量体系和效率因素及需求市场的全过程进行净化、优化、调整、制衡，最后达到平衡。

2016年是中国供给侧结构性改革调整的攻坚之年。中央政府把宏观调控、平衡手段的工具定义为“去产能、去库存、去杠杆、降成本、补短板”五大重点任务。那么能否做到呢？关键在于政府的指导思想和发展理念是否符合社会和时代发展。这两项正是对准社会的发展和人民的需求，政府又掌握着国家的战略资源，加上发挥市场经济的要素作用，是完全可以取胜的。中国政府采取了阴柔相济、以柔克刚的中国式的太极战略。内紧外松，上净（反腐败）下通（净化优化环境和经济秩序的畅通），去除无效供给，防控系统性金融风险，降低企业成本，扶和限同时应用于市场。即扶（解决企业的困难、帮企业松绑、精准扶贫）企业；限制落后产能和僵尸企业低效占有资源，制衡破坏生态环境的粗放型企业，形成从源头上控制，从过程上严管，对损害国家和公共利益的（粗放型企业）采取追究经济责任和经济处罚等措施，建立对各类市场主体的有效制衡约束机制，以实现供求关系和生态环境、物质和文化在更高水平上的新的动态平衡，真正让中国经济做到可持续的优化发展、均衡增长。

第三节　政府担当与社会的平衡

供给侧结构性改革和发展方式的转变，首先是针对失衡的经济转变和调整的问题。其关键还是清理发展理念（思路），转变增长方式，同时调整经济结构。其实就是解决补短板、降成本、去产能等失衡中产生的问题。

解决此问题的困难之处，在于理论界和企业界并非积极配合。如增长方式上，一旦经济增长下滑、速度放慢就会引起理论界的争议。好像经济自古就一条路走到底不能变化一样（其实中国《易经》的精髓就在于变）。因此，就存在一个增长方式观念的较量问题。一旦强调反对和改变单纯的以速度、数量为标志的增长方式，就有人站出来指责，这也是调整转换的难点。

解决了这个问题，又会出现第二个关键问题，即利益集团或企业家精神的问题。前一节谈了国家的社会主义性质问题，已经很明确国家维护的是公平、公正，不代表哪个利益集团和资本。国家的调控是对国家的经济形态和发展趋势而言（对事不对人）。而这些利益集团担心的是自身的利益受损失。这就是经济发展面临的深层次问题和矛盾的挑战。中国经济发展的路径转换和对资本的保护、限制的问题，归根结底还是引导的理念问题。这是问题的关键。是资本出了问题？还是市场出了问题？然而社会的部分反应却是顶层设计出了问题。如果说顶层设计出了问题，那么政府的首要任务就是要理清问题的出处和关键，拿出解决的办法。单纯地就经济讲经济无法解决这个问题，必须用战略的思维、市场的理念、人民的标准去解决这个问题。

中国地大物博，人口众多，经济体量庞大，经过改革开放的探索实践证明：中国既不适合西方新自由主义，也不适应凯恩斯主义模式，根据中国的社会性质定位，国家和政府有责任和担当面对这个庞大的经济体。习近平总书记讲："这个重大的责任，就是对人民的责任"，"人民对美好生活的向往，就是我们的奋斗目标"，"完善和发展中国特色社会主义制度，推进国家治理体系和治理能力的现代化"，"使市场在资源配置中起决定性作用和更好发挥政府作用"。

粗放式的经营和发展方式，暴露出诸多问题：经济结构不合理，区域、城乡发展失衡，中国有7000万人口生活在贫困线上渴望脱贫，老龄化社会提前到来（中国是世界上唯一老龄人口超过2亿人的国家），部分行业产能过剩，资源环境的承载能力已接近极限。这才是中国眼下需要破解的难题。这些深层次的矛盾和问题，无疑是社会失衡和市场经济异化的突出反应（惯性作用在延续）。

在市场经济的主体中，政府、企业、员工三位一体各有分工和边界，各司其职（职能和功能），互不越位，才能化解眼下的难题。眼下的难题集中起来为两个方面：一是经济的均衡发展问题，包括经济结构、生态环境、科技创新等；二是社会再生产问题，即人的生存（民生）的问题。解决第一个问题的对策就是结构性改革，调整结构，区域、城乡均衡发展。解决第二个问题就是要着眼长远，不断促进社会公平正义，增进人民福祉，不断推动中国特色社会主义制度的完善和发展，解决改革不充分不平衡的问题。从而可以看出，这两个问题都是政府层面上应该尽职做到的。

改革开放中出现的矛盾和问题，如何破解？看起来纵横交错，复杂而异常艰难。西方学者认为无法解决，积重难返，趋向于“崩溃论”。然而也只有中国才能够做到自我修复完善和自我发展。因为中国依靠的是人民，而非特权阶层。仅以上海为例：2015 年上海开始在去产能、去违章、净环境、优生态上开始整治。上海实行市、区、街（镇）三级领导负责制，责任到人，签订军令状，完不成任务辞职换人。2016 年全年市区镇共完成拆迁面积达 9500 万平方米，整整拆除了一个普陀区还要多的面积。上千家工厂及小作坊的陈旧生产方式和重污染得到清除治理，老百姓拍手称快。多年来的失衡异化，一方面是房地产高速增长，土地拍卖价值奇高，显示城市土地资源奇缺；另一方面大量的落后产能和影响环境优化的违章建筑（工厂厂房、棚户作坊等）占用大量城市优质土地资源。河道污染和两岸违章建筑影响了城市的优美环境，这就需要制衡的力度。

“胜利是不会向我走来的，我必须自己走向胜利。”引自美国穆尔的话，要平衡社会经济发展，就要把人民的获得感当作国家改革开放永恒不变的价值底线，以人民为中心，调整改革失衡的环境（社会环境、经济环境），让人民“看得见山，望得见水，记得住乡愁”，促进人与自然的和谐共处，实现满足人民的期待。

第四节　从失衡走向战略平衡

市场经济的关联要素之间是互为联系、互相促进和相互依托的关系。失衡是流通过程的动态效益的缺失或跑偏。它的特点就是偏重的一方会得到快速的发展和胜出，而偏轻或缺位的一方会得到压抑或牺牲（代价）。同时，对社会和市场来讲，就会产生矛盾和冲突。当这种矛盾和冲突不能得到及时纠正和制衡时，偏重一方侥幸的发展成果也会因矛盾的危机而葬送掉。那么，这种纠正和制衡的结果其实就是两种：一是危机的爆发，二是付出代价一方的暴力维权。最后结局达到一种平衡的再分配起点。在西方资本主义国家始终没有成功的案例。在西方一般是由市场的另一主体来调控平衡、化解失衡（如欧洲的发达经济体及北欧国家政府在上一世纪将工会的作用和劳工组织的作用与资本家形成的一个平衡的调节端，达成了福利化的劳动者工作效率与社会经济发展之间的平衡），即欧美国家先行在市场规则设计与劳动者之间的平衡中发挥了效用。而中国的市场经济是在探索当中（摸着石头过河）发展的市场经济（缺少平衡规则）。那么，用经济的手段和工具来调控解决中国的失衡经济问题就变成了世界瞩目的焦点。

这就是以战略思维谋全局，以辩证思维解矛盾，以法治思维图善治，以系统思维聚合力，以底线思维定边界，以创新思维增活力，以开放思维拓视野，即新一届中国政府的战略和战术。它注重填补缺位的空白，满足于发展的平衡更充分，让各方利益都能在合法而开放的空间内得到快速的发展。

之所以**近年的调整、制衡、平衡治理这样的出色，就是因为此战略平衡的布局准确**。其实就是理论界讲的顶层设计。这不是摸着石头过河，而是思维明确，边界清晰，既重视当前（现阶段），又着眼于未来；既重视内部腐败治理、净化党内和政府，同时又重视生态文明和民生需求；既引导帮助企业转型发展，又搭建起互联网全球化市场的平台；同时又构建起以人民为中心的社会再生产良性循环的民生公平体系和制度，一改以前的“以药养医”“教育经济产业化”的乱象，回归“房子是用来住的”理念，遏制投机炒作，让人民重新找到获得感和未来感。

任何一种事物在发展过程的转变中都有一个惯性的冲刺过程，立即刹车会造成内脏（即发动机）缺氧而爆仓。因此，必须有一个适应缓冲期。这就是中共十八大后的一系列制衡措施，一中全会定“人”（即国家领导人），二中全会定“岗”（《国务院机构改革职能转变方案》），三中全会定“题”（《中共中央关于全面深化改革若干重大问题的决定》），四中全会定“调”（《中共中央关于全面推进依法治国若干重大问题的决定》），五中全会定“路”（《中共中央关于制定国民经济和社会发展第十三个五年规划的建议》)，六中全会定“规”(《中国共产党党内监督条例(试行)》)。

从缓冲期到完善期，国家政府的一系列制衡措施的出台和执行遵循了治人先治己的原则，定“路”先定“调”，有“路”有“调”就要有“规”。完善的制衡体系建设和严厉的依规制衡治理，让市场经济主体的中国经济从失衡调整为平衡(战略平衡)。

从2011年到2014年，中国经济在失衡和异化的惯性作用下，增速下滑到最低点，创了24年来最低，由原来的两位数增长降到7%左右。这种高速转中速时期，也正是中国政府调整经济结构、治理生态、优化环境，由要素驱动、投资驱动转向创新驱动的制衡、调整、创新期。速度、结构、动力六个字形成了这一时期失衡(失常)转为新常态(正常)的关键。这就是“明者因时而变，智者随事而制”。

市场经济的主体之间的关系定位一直是经济学界争论不休的核心问题。在全球化的今天，这仍然是市场主体间博弈的焦点。其实核心就是主体间利益的平衡。由于利益占了主导地位，利益又始终受到欲望的驱使作用，于是主体之间的边界就变得越来越模糊。越界演变为常态，自然就表现出越界方侵占被越界方的利益的现象，使对方增加成本，于是市场主体间就产生了矛盾和冲突。

然而，这种市场主体间的越界行为的根源是定位不清(越位和定位不清都属于主体之间定位失衡)。科学的定位是关键，其实定位又是一个动态的过程。自有市场经济以来，市场主体之间的定位始终是一对矛盾，不断发展和演变。而西方经济学家们并没有针对这一问题的权威科学论述和规则，只有表面的概括，没有抓到实质问题，因而各市场经济主体国家都在各自探索，中国更不例外。

自十四大以来，中国从社会主义市场经济的体制定位初步建立直到现在，一直在寻找中国的市场经济主体（政府、企业、员工）之间新的科学定位。如何把市场在资源配置中的决定作用发挥到位，以达到市场主体间的平衡，这也是世界性的难题。

探索还在继续。2013 年 1 月 20 日，在广州市政协会议上，来自工商联的委员曹志伟提出广州投资项目审批时间太长。他拿出了一个卷轴“万里长征图”，长达 1.8 米。图上展现出投资项目从立项到审批，整个流程需要经过 20 个部委，盖 108 个章，缴纳 36 项行政收费，全程需要 799 个审批工作日。从拿地到开工，就要累计审批工作日近 2020 天。按最短也要 210 个或 259 个审批工作日。这就是“一张图引发的改革”，推动了国家政府清理边界，将跨界的腿收回（归位）。这说起来是改革的探索，实际是政府对市场定位的探索，也是市场主体之间定位失衡（越界）的纠正。国务院 5 年来共取消 618 项行政审批，取消中央指定定位审批的 283 项。中央政府层面核准的企业投资项目削减比例累计接近 90%，工商登记前置审批 87% 改为后置审批或取消，做到了“简政放权、放管结合、优化服务”改革到位，为企业减税降费，有利于增加企业的市场活力，改善企业与政府之间的均衡关系，使市场向均衡化方向发展。

这也是中国市场经济的战略布局。经济的战略思维是要平衡经济社会发展的关系，没有高瞻远瞩的战略思维的顶层设计，如何能均衡中国辽阔的地域间、城乡间的协调发展？这就是中国在失衡中探索，在探索中调整、制衡改进所达到的平衡。

第五节　补短板，决胜全面小康社会

中国的社会主义国家的性质决定了中国的道路。新中国成立以来的探索证明了唯一适合中国的，就是要坚定不移地走中国特色社会主义道路，就是要“决胜全面建成小康社会，夺取中国特色社会主义伟大胜利”。而且中央政府已经提出：2020年是一个重要节点。一方面要如期实现全面小康，完成第一个百年奋斗目标；另一方面又要及时开启社会主义现代化建设新征程，即第二个百年奋斗目标。这也是中华民族伟大复兴的中国梦。要屹立于世界民族之林，当下就是要攻坚克难。从“解难题、办大事”的战略高度，纠偏扶正，补齐短板，将民众的潜能和需求挖掘释放出来，使中国的经济社会能均衡协调迈进全面小康社会。

中国在制衡、调整、转型的新常态过程中，就是要解决短板。如何解决短板？就是为人民一件一件事来办，一年一年地干不停息。

一、放开二胎生育政策

作为一个国家，长期和短期的政策都要以国情变化为底线，形成一个动态的政策机制和调节体系。改革开放之初的中国面临的一个重大的问题就是就业压力。面临人口庞大而生产力低下，就业不足的问题，为此制定了计划生育政策。然而改革开放之初恰恰是得利于人口红利，在三来一补的加工贸易中创造了奇迹，获得了改革开放的第一桶金。《外来妹》电视剧红遍中国，说的就是当时沿海开放城市和外地来此打工者的故事。然而这是一个动态的指标，政府的职能就是有效地跟踪监测其市场需求变化和民生动态，以便及时调整相关政策。社会是动态的，人类社会发展也是动态的，要不断完善和修正其相应的政策和法规。面对中国近十年出现的“用工荒”、人口红利已经释放的状况。原来的一对夫妻生一个孩子的政策已实行了近40年，现在一个子女（劳动力）的背后往往有多位老人。再不调整，经济的后续社会发展便是无工（劳动者）可用了。

2016年1月1日起中国实行“放开二胎”政策，既优化了国家的人口结构，减缓了老龄化压力，也对经济社会的人力资本有序供给减少了未来风险。此政策一出，中国又出现了一轮婴儿经济热，2016年一下就增加了二胎婴儿200多万（全国）。

二、社会的每一个公民都享有教育、医疗、居住、食品安全和交通出行等福利

近5年来，中国政府抓住了教育与民生，对于失衡后的利益纠结进行重点平衡解决。首先把公平和质量作为教育改革的两大主题，中央财政投入1032亿元解决了学前教育的入园难、入园贵的问题。对于义务教育的择校热、中小学课外负担过重、中高考加分项目过多等问题，政府高度重视，重点解决，扩大优质教育资源范围，以合作办学、建立分校等形式带动薄弱教育发展，提倡大学教育要从基础素质教育抓起，重视德育教育，培养学子们的民族责任感和爱国精神（但是教育的成效显现是要有个过程的）。同时，教育反腐反异化成为工作重点。

就业领域是政府一直紧抓不放的重点，政府在宏观目标和现实就业中进行互动。特别是在调整产业结构中，安置转岗下岗职工成为稳定大局的重点。这在西方发达国家是完全交由市场运作的，政府只顺其自然发放失业补贴罢了。而中国政府在市场主体地位中的边界增加了一项人性化的行政手段（工具）调节。其实也是责任和使命，并没有干预强迫企业，而是帮助企业平衡就业市场，这也是中国式的政府边界，没有影响（侵犯）企业利益。这属于双赢，甚至还有特殊的补贴（如：安置40岁、50岁的下岗人员就业和残障人士就业，政府给企业补贴奖励，以促进就业），对市场（社会）的稳定平衡起了重要作用。

住房是中国城市改革中一个突出的问题。前一轮改革将住房推向市场，取消城镇职工的福利分房政策，而企业劳动者的工资构成中又缺少了这一项（资本逐利性质不会增加社会福祉）。而中国房改后推向市场，住房价格猛升产生了投机行为，使居住和投资问题形成了矛盾和冲突。因为在市场中，房子是商品，生产者（地产商）只有追求资本投入的利润最大化职能，而没有提供福利于民众的职能（以利益需求为主）。一切由市场来调节，将房子炒成了升值的筹码，房地产市场演变成了欲望的赌场。投资者与生产者对赌使其不断升值。其实这种异化首先源于房地产多种经营模式改变成了极端的商品模式，导致资本（企业）的贪婪越位。缺位和越位形成了中国房地产的尖锐矛盾。当下的关键是回归“房子是用来住的”本质功能。截至 2017 年 8 月，中国各地出台补救和抑制措施（主要是问题突出的北上广深等大城市纷纷推出廉价房和租赁房和限制炒房）。甚至深圳、上海还推出了“4、3、3”的调控标准。即新建房标准 40% 为商品房、30% 为廉价房（社会低保户享用）、30% 租赁房（对青年人），从而改变满足城镇居民多层次的住房需求。

卫生医疗方面，住院难、看病贵也是中国的一个突出问题。由于医患纠纷引起的社会问题倒逼中国政府对原改革的反思纠偏。政府不是市场经济的旁观者和守夜人，是“调停裁判员”，职责是裁判球场上（比喻市场）球员的违规和越线。否则两队球员的对阵就缺少了公平。为此，政府在医改方面重点推行“大病保险制度”，同时重点改革把药费降下来，消除中间环节，医药分开，把诊疗费提上去，药费降下来，让医保支付更科学，覆盖面更广，更有持续。实行阳光药品采购，建立分级诊疗制度，让优质医疗资源流动起来，让医疗保障制度覆盖中国城乡每个老百姓。

食品安全、药品安全，是政府的重要职责。要严把从农田到餐桌，从实验室到医院的每道防线。严格监管到位从追责开始，形成全社会的安全防线。其实对中国来讲，只要真心为民办事，真的没有办不到的和办不成的事情。加上现在的互联网和人工智能技术应用，让政府能够更好地归位、尽职尽责于互联网的监督之下。

养老问题，是中国政府面对的未来社会问题。其实这也是社会再生产领域的一个终点环节，与各环节间都有交联。如养老涉及医疗、住房、教育（老年大学等教育问题，否则老年人就脱离社会了）、社会的其他经济领域和老年产业（养生保健品等）。首先要解决和提升居家社区养老和农村养老服务水平。先执行的还是提升养老金的发放范围和发放额度（这是关键，也是最大的民生）。5年来，中国养老金发放的比例逐年提升。政府已从体制机制上改革机关事业单位的养老金缴费比例，并逐渐与社会并轨。一些养老金发放标准问题，由国家财政加大投入提升来解决。人民看到了“以人民为中心”的发展理念在发挥效用。

交通出行（社会资源共享）方面，政府牵头，提倡社会团体（工会等）主办的国企通勤车辆与社会民众通过APP共享出行（也就是社会舆论说的国企特权福利拿到公共平台与社会百姓分享的模式）。国有企业的水、电、燃气等多余部分也拿出来进入共享平台，这种融合社会资源的互联网一体化平台解决了资源分配不合理和浪费的问题，从而使中国经济在城市内、行业内、平台内产生资源共享的绿色效应，达到绿色的平衡，从而解决了城市交通拥堵和诸多困难，破除了大型企业集团剩余资源与周边民众共享的壁垒。

三、决胜小康社会

中央政府有个理念："小康不小康，关键看老乡。"改革开放40年的发展中，中国对消除贫困作出了巨大贡献。在联合国《2015年千年发展目标报告》中写道，"中国减贫对全球贡献率超过了70%"。消除贫困是人民追求幸福生活的基本权利。中国的广大农村还有7000万贫困的人口，新一届政府向全世界立下承诺，从2015年到2020年，用五年时间全部脱贫。这一诺千金，这比世界消灭贫困的目标整整提前了10年。

这是资本无法做到的。这是政府的市场主体责任。政府责任归位至关重要。问题是许多政府公职人员（公务员）并不清楚政府责任的边界。政府的工作就是让政府工作人员思想归位、行动归位。对民生负起责任是政府边界内的职责。扶贫更是义不容辞。推进产业扶贫、教育扶贫、健康扶贫、生态扶贫等一系列的改革平衡措施，构建起了政府、社会、市场协调推进的大扶贫格局。

民生领域的改革坚持“社会政策托底，守住民生底线”。推进1800万城乡低收入保障人群和900万城镇失业人员再就业的培训（这是政府的职责），打造出决胜小康的民生底线。

有了底线和边界，公开、公正、公平地将社会的大蛋糕切好分好就有了底线标准。这个标准也为另外两个市场主体（企业和员工）设立了边框和底线。一条条边界红线清晰了。环境是一条红线，民生是一条红线，安全（食品、药品、质量、生产）也是一条红线，更重要的是分配才是最直接的利益红线。民众的获得感就体现在分配上。

还要破解难题，完善收入分配格局，打造好以税收、社会保障、转移支付等为主要手段和工具的再分配调节制约机制格局，维护社会的公平正义。全国有2.8亿农民工，他们面临着“进不去的城市，回不了的乡村”的状况。政府通过城镇化建设试点的推进，户籍制度的改革，解决他们的户籍问题、子女上学问题、移民搬迁问题等。政府一旦缺位，真的是不可想象。

中国既要发展社会主义市场经济，又要主体社会性质不改变，既要探索边界定位，又要发挥其功能产生效用，达到一种均衡发展下的社会平衡。只有这样，才能顺利地全面地进入小康社会。

第十五章　均衡经济发展，创新与砥砺前行

中国经济还在发展中，中共十八大以来，**经过五年的调整优化结构、制衡去除负产能、转换动力挡位、提升速度，进入到一个发展且均衡的新常态，即进入到中国特色社会主义新时代**。

五年来，中央政府破解了中国诸多领域诸多难题，调整控制了失衡和异化发展，纠偏和调整了前进中的轨道，同时更加完善了《产权保护制度》，让企业回归到它应有的边界，政府撤回到自身定位的边界。经济失衡，政治也无法稳定，社会也无法和谐。经济利益的失衡是导致社会发展失衡的关键。

发展要在动态中不断修正市场主体的边界，提升内涵和质量，只有创新突破，才能砥砺前行。中国经历40年的改革开放发展，形成了高速发展的企业发展模式。其优点是企业缺少制约条件而能够快速提升，以利益为导向的资本欲望在市场经济中更是得到释放快速提升（使中国成为了世界第二大经济体）。经过五年的调整、制衡限制和改革，淘汰过剩产业和开发创新出新的市场

格局，中国从最初的“三来一补”向优进优出转变，产业体系正从国际分工的局部跃升至与整个全球价值链深度铆合。中国已经从资本净流入国成为资本的净流出国，从而在发展中达到了一种从低端产业链到高端制造和投资的新平衡。

平衡是发展中的平衡，也是创新中的平衡。当失衡经济中首富轮流转时，平衡在市场的发展中不断得到过滤和净化。新生代以互联网为代表的共享经济，将中国经济发展中市场的异化彻底打破了，回归得这样快（是新兴市场的调控作用），而且又能迅速达到一种平衡，是因为在互联网的状态下一切得以共享，共享成了中国经济新的格局中一个共同需求、共同享受、共同监督、共同提升的大平台。平衡在共享当中，政府的公开透明在互联网中拉近了与企业和民众的距离。

第一节　国家战略带动战略新兴产业

2012 年 12 月，美国国家情报委员会发布了第五份全球发展趋势研究报告《全球趋势 2030：变换的世界》，将技术创新列为改变全球的五大因素之一。报告预测，未来技术发展的重心将由西方向东方和南方转移。跨国公司将焦点集中在增势迅猛的新兴市场，而中国则是重点而位列其中。同时中国经济正好也适应了这个预测，顺势而为，将国家战略和新兴产业融为一体。提升中国企业的创新能力、研发能力、制造能力，则是未来中国做大做强的重点。

一、对标国际发达经济体，砥砺奋进

经济的平衡是一个外在静止的和谐，而发展奋进则是打破静态平衡动态驱动力。市场经济就如同一片开阔的竞技跑道。市场经济的主体企业就站在跑道内，每年世界经济组织、国家政府都对全球经济发展趋势进行预测指导。各个国家政府也都有自己的发展战略，对本国企业战略布局和产品研发及生产进行调控指导。当然，这种调控大部分属于经济政策（包括财政政策、货币政策、税收政策、产业政策等）。这样就会鼓励和刺激企业作出选择、出现爆发式的资本投入增长也就在其中了。这一轮以技术创新倾斜带动的资金、技术、人才的赛跑产生的集聚效应，是站在更高层次上的打破平衡（即倾斜突破），已明显在一个均衡发展环境中创造了创新驱动的新态势。可谓天时地利人和。

对标国际先进技术和与领先的国际企业相比，中国与发达国家还有很大差距。中国企业在研发和创新制造方面的投入存量与发达国家的大公司相比，仅是对方的 1/10 和 1/20；这就需要改变政府现有的状况和创新发展体制机制。于是，国家平衡优势与劣势，重点规划了十大重点领域。

二、审时度势，政府有为，企业也有作为

面对创新发展的新时代，中国的环境格局已经改变，基础设施和人才条件也已经上了一个新台阶：

（1）中国经济已经完成了“短缺时代”的发展任务，产能过剩已经成为结构性矛盾。

（2）中国技术引进的条件已经发生了重大变化，高精尖技术和关键的核心技术基本无法引进。

（3）中国正处在新一轮科技革命和产业变革的新时代，科技创新正在改变着我们的未来。

（4）企业创新能力薄弱是当前整个经济创新发展的关键制约因素，大力提升企业创新能力是创新型国家建设的核心环节。

这就是国家审时度势、大力实施创新驱动战略的初衷，也是从失衡到制衡再到平衡过程的倾斜（即新一轮的倾斜）。这一次是在更高级的平衡基础上的发展政策倾斜。是深化结构调整的背景下，为增强中国经济实力和综合国力而驱动的向科技创新倾斜，或称单边突破，而非打破机制体制。这就是在市场机制体制平衡条件下的科技创新倾斜战略。

根据统计，2012 年中国法人单位数为 1161.65 万，企业数量为 828.67 万（其中，国有控股企业 27.85 万，集体控股企业 27.13 万，私人控股企业 655.2 万，其他为外商控股、港澳台商控股等），高技术企业为 2.46 万户。

2013 年中国（全口径统计）科学研究与试验发展经费支出 11906 亿元，比上年增长 15.6%，占国内生产总值的 2.09%，其中基础研究经费 569 亿元。2013 年中国安排了 3543 项科技支撑计划课题，2118 项“863”计划课题，累计建设国家工程研究中心132个，国家工程实验室143个，国家认定企业技术中心达到1002家。全年国家新兴产业创投计划累计支持设立型企业422家。全年受理境内外专利申请237.7万件，其中境内申请221万件，占93%。受理境内外发明专利申请82.5万件，其中境内申请69.3万件，占84%。全年授予专利权131.3万件，其中境内授权121万件，占92.2%。授予发明专利权20.8万件，其中境内授权13.8万件，占66.3%。截至年底，有效专利419.5万件，其中境内有效专利352.5万件，占84%。有效发明专利103.4万件，其中境内有效发明专利54.5万件，占52.7%。全年共签订技术合同29.5万项，技术合同成交金额7469.0亿元，比上年增长16%。

从上面可以看出，2012年以来，从国家（政府）到企业，五年来用在科技创新上的经费投入，已经超过了万亿元。而据2017年的最新统计，当年的国家科技投入就达1万多亿元。现在中国的战略性新兴产业、装备制造业异军突起，实现了领跑中国经济转型发展的新跨越。创新科技贡献率超过了56%。在航天卫星领域已开始领跑世界，航空发动机、量子通信、太空深海探测等一大批上天入海的国家战略项目在科技创新上已经有了重大突破。民用项目在高铁、智能制造、人工智能、互联网+等形成了产业新业态。高端电子芯片技术、集成电路装备、宽带移动通讯（从4G向5G、6G发展）、高档数控（人工智能）机床、核电站技术、新药

（生命科学）创新制造等关键核心技术的加快形成，已完全形成了若干战略性技术和战略性产品，培育和壮大了新兴产业。此外，还有一批体现国家战略意图的重大科技项。

三、国家战略倾斜与突破

突破核心技术，抢占科技制高点。世界正处在科技创新突破和技术革命的前夜，一些重要的科学问题和关键核心技术发生了革命性的突破（突破的先兆已经显现），同建设世界科技强国的目标相比，中国发展还面临重大科技的瓶颈，关键领域核心技术受制于人的格局还没有从根本上改变，科技基础仍然薄弱，科技原创能力还有差距。这就需要掌握核心技术、前沿技术、颠覆技术，集中公关，赢得战略主动，同时还要惠民，面向经济发展主战场，为人民创造更多财富。这就是在新的平衡基础上的战略倾斜与突破。

创新，有利于开辟新的产业发展方向和重点领域，培育新的经济增长点，推动科技成果转移转化，推动产业和产品向价值链中高端跃升。

创新科技，就是要打破中国经济发展与世界格局不平衡的失调落后状态，即大而不强、大而不优的现状。在新的转型期，必须打破依靠资源、资本、劳动力等要素投入支撑的经济增长模式和扩张方式（已不可持续）。因此面临的动能转换、发展方式转换、结构调整过程与改革开放初的倾斜转换过程已不可同日而语。现在面临的不是过去那种低成本的转换，而是高科技、高成本的突破。这种倾斜突破靠的是一种新的动能。并非欲望动能，而是要拥有强大的资本实力、科技实力、人才实力、制度实力及抗风险实力的新一轮高层次的国家战略突破。

创新面临着风险和突破，恰当把握好时机，迎难而上，才会创造出新的商机。这种商机其实是一种垄断。这种垄断是创造出来的（即科技的核心技术、核心价值、核心利润）。掌握了它，就垄断了市场，就拥有了话语权。

第二节　人力资本与人工智能

在市场经济的主体中，人力资本起着价值增值的作用。而在改革开放后的中国社会主义市场经济进程中，更是将人的因素与创新发展融合在同一跑道上。特别是进入到21世纪，中国的创新科技产业以颠覆式的发展方式改变了人们的生活。资本可以创造垄断，而今中国科技创造的垄断，也是利润的垄断。垄断创新的引擎和孵化器在北上广深杭的各个创意科技产业园里，孵化出了百度、腾讯、阿里巴巴、华为、小米、京东等一大批科技创新型企业。这是与世界同步的知识经济大潮下的一个产业、一个主体，也是一个改变的突破。

一、人力资本

在这一波大潮中，拼的就是人力资本。中国抓住了这一次的商机，“70后”、“80后”成了人才主力。西方主流的经济学家不认为人力资本是市场经济的主体，往往还是将其归类为人力资源。然而这一波浪潮中涌现出的互联网企业和高科技企业靠的就是人力资本（人才）。人力资本在知识经济中的胜出，搅动了金融的眼球，改变了金融的风投取向。

人力资本争议的焦点是这个特殊的资本不能转让所有权。因为它是个人（现代自由人、有人权），不是奴隶。但他们所创造的价值已经非同一般货币资本可比。因此，从这些科技创新型企业来看，它们走的都是产权+股权的强大激励路线，体现了自由市场经济的人力资本的超级诱惑，使创新创造产生了巨大的效率。

人力资本是创新创造的永动机，有利于解决货币资本的无限积累产生的危机风险。人力资本恰恰可以阻断货币资本的冲击，让创新科技（人的智慧潜能）发挥重要作用。如以色列国家虽小，但这个国家凭借着强大的创新能力让强大的美国也要敬畏三分。2017年8月22日中国联通与腾讯、百度、阿里巴巴等企业改革组成新的混合所有制企业，虽然国资外有35%的股权属于民营，但这35%的股权多数是技术，是人力资本，将改造升级中国新联通的4G、5G功能和手机网上平台。在这里，人力资本和知识产权是属于融合状态。

创新是世界的未来，也是中国的未来。创新重在人才，也就重在人力资本投入。人力资本属于在公平的平台上创造挖掘出的潜力资本，增值无限，属于动态资本，不受出身和背景限制，能创造出垄断市场，垄断某一时段的话语权，如中国的阿里巴巴等互联网企业中的创新团队（多数拥有企业股权）。创新的人力资本可以打破平衡，突破存在，为世界创造更高层次上的平衡。

二、人工智能是改变未来的科技手段

在过去的五年中，人工智能技术飞速发展，在信息化、智能化、互联网、物联网、大数据整合后的今天，人工智能时代已经来临了，谁也无法躲开。看到如此强大的人工智能，你还认为货币资本在改变世界吗？这里更体现出人的知识资本，即人力资本的无止境创新。许多由于体制机制垄断出的问题，在人工智能的推动下（公开透明），变成了历史。

人工智能将华尔街的模式改变（或叫失守）。摩根大通公司里的 AI 将 36 万小时的工作时间缩至秒级。曾经汇聚全球顶尖金融人才的华尔街可能率先被人工智能攻陷。36 万小时的人力工作量 AI 只需几秒就能完成。

随着人工智能的开发应用，未来 10 年内，翻译、简单的新闻报道、保安、销售、客服等 90% 的工作会被人工智能取代。未来许多行业将被人工智能所改造。

金融业正走在裁员的路上，2000 年高盛在纽约的总部交易柜台雇用了 600 名交易员。交易大厅的人气场面曾经是金融巨头的标志，而今只剩下 2 名交易员留守。用高科技的人工智能取代高昂的人工成本和效率已是大势所趋。特别是金融业的分析师、精算师、财务预算决算师、审计师等都面临着裁员。四大会计师事务所的“德勤财务机器人”率先研发成功，它解决了手工操作大量的人力和时间，大大增强了数据准确性，提高了运作效率（成倍提升）。

人工智能会将失衡的经济进行有效的平衡化解。这也会是一个非常有代价的改造过程。世界变得越来越小，更加公开透明，更加公正公平，更加互联互通和人人共享。人工智能首先替代的不是蓝领工人，改变的也不是制造业，而是高端的金融、财务、税收、海关、商检及教育（专业设置）和服务业，然后会影响全社会。

为什么将人工智能放到平衡经济学中来阐述，这就是要致力于在经济社会发展的失衡、制衡、平衡的过程中，缩短失衡的时间和降低失衡的速度，以达到一种非人工的人工智能的社会平衡。如未来的政府，许多服务于民众的岗位都可以被人工智能所取代（现在浙江省和上海市已开始在网上受理申请企业登记）。如查询、申请、办理、注册、登记、审批、监管可以通过大数据、云计算的平台查询系统、审批流程系统、办事反馈系统及民情监事系统和社会管理系统等人工智能连接在一起，并且覆盖在全国城乡的量子卫星监测网上，让管理和政务、监管和服务都呈现在阳光之下公开透明。过去的腐败，包括政务的、流通环节的、社会事务的、工程建设方面的，根源就在于信息不对等，暗箱操作，产生了利益的特权阶层。而人工智能将市场主体的告知权和参与者（民众）的知情权都方便快捷地暴露在阳光之下，接受紫外线的消毒、过滤、检验。

当我们欣喜地看到人工智能通过互联网平台，将央企、国企的服务资源（如通勤班车、水电气、教育医疗，甚至养老等）呈现在社会的共享平台之上时（如上海已经开始启动民众共享），那些西方自由主义学派的“中国权贵资本主义”的言论岂不是不攻自破了吗？

政府体制机制改革和办事效率的提升，也因为人工智能的植入变得高效快捷。人员的精简也因人工智能的参与精简到人们不敢相信的程度（有些业务完全不用人来做）。人工智能将社会、政府、企业变得更加公开透明，让整个社会和整个国家都成为一面通透的镜子，它会自动修补失衡，不断出现制衡，也就不断地在动态中达到平衡。当然，政府和市场主体的发展思路也要不断随时更新、修正调整、与时俱进，才会与时代同步，在平衡中达到共赢。

第十六章　中国模式与民族基因

中华民族五千年文化的传承，形成了自身独特的血统和基因。虽然历经磨难，但国家民族基因的传承却完好地保留下来。

第一节　开放和融合的民族基因

中华民族是在漫长的社会开放和融合过程中发展壮大起来的，它融合了多元文化、外向、内敛、风趣、幽默、豪放、宽容、接纳等多种性格特征，特别值得一提的是开放包容的民族基因的形成，使中国在历史发展过程中融进了许多北方游牧民族的文化和性格，如魏晋南北朝、元朝、清朝等时期。**内敛的农耕民族和豪放的北方游牧民族融合形成了宽容、自信、平衡和谐的中华基因。**

一、传承和发展佐证了民族的包容

随着中华民族的包容发展，在漫长的历史长河中，兼收并蓄、海纳百川。既保留延续了民族特色，又吸收了西方及其他民族的先进精华，使中国在漫长的五千年发展中沉淀下来。“有朋自远方来，不亦乐乎”的友好开放基因，接纳吸收外来文化和技术，包括郑和下西洋、张骞出使西域、古丝绸之路等，中国人一直没有停止学习交流、吸收融合的脚步。中国自古以来就是世界大国，中国国力曾经领先于世界各国数千年之久。

中国古代在科学技术方面一直领先于世界，得利于中国的开放包容。而到了明朝后期，由于闭关锁国等因素，整个国力开始衰退。与此同时西方却开始了工业革命。

虽然中国暂时落伍了，但开放包容的民族基因还存在，自信心也在，只要国家的大门不关闭，中国就能消融和吸收先进的外来文化，这就是中华文明和西方文明的结合，创造出平衡和谐包容的基因文化，这也是中华民族的核心价值观。

二、中国文化基因中的“和”

英国历史学家汤因比认为：西方文明的优点在于不断地发明、创造、追求、向外扩张，是“动”的文化。中国文明的优点在于和平，就好像长城，处于守势，平稳、调和，是“静”的文化。

西方学者认为，地球的范围是有限的，无止境地追求、扩充是不可能的，也是不可取的。他们也愿意接受中国的哲学文化，要平衡和谐，民族与民族之间相互协作，共同发展，避免战争。美国总统特朗普上 2017 年 11 月 8 日访华，习近平主席特意安排其在北京故宫品茶参观。当走进太和殿时，习近平主席向特朗普介绍了故宫这三个殿（太和、中和、保和殿）都以“和”字命名，展现了中国文化中和的重要性，即和谐、平衡是中华民族的基因。习近平主席说：“文化没有断过流、始终传承下来的只有中国。我们这些人也延续着黑头发、黄皮肤，我们叫龙的传人。”这就是“和”的文化，即平衡文化。

三、开放体现着民族基因的传承

中国的经济高速增长，并非像西方学界预测的那样是一种失衡的扩张。恰恰相反，中国在本国经济基础改善提升的基础上，实现了人民福祉的全方位进步，是一种“和”的文化基因的体现与传承。平衡和谐来自善。因而当开放的中国走向世界时，仍以此为本。古丝绸之路传承和体现着的也是中国“和谐、平衡”的发展理念。

开放不是自己一家独大而孤立。中共十八大以后，中国倡议的“一带一路”“打造人类命运共同体”就开创了新局面。中共十九大结束后，习近平主席访问越南和老挝，让两个社会主义的兄弟国家再次团结在一起。这无疑就是“和”的传承和开放的内涵。“人类命运共同体”将中华民族和世界融合在一起。这就是中国模式、中国思维的平衡、和谐的中华基因。

第二节　中国经济的“太极平衡模式”

中国经济社会的平衡来自中国对历史传统的反思

和骨子里透出的坚韧和善良。当经济社会的资本要素驱动经济发展之时，方向目标的引导、驱动经济的推动力，发展过程中的平衡度及过程中的倾斜、失衡、控制、制衡、调整、平衡的各要素，都充分体现着中华民族的友善、包容、自信、坚强、敢于争先、敢于探险，同时又会自动平衡调整，刚柔相济的“太极平衡”模式，也是运用于经济社会发展的中国（哲学式的）平衡经济学。

当2012年中共十八大召开之际，国内外经济学界无不把快速增长和大手笔的投资拉动做为他们对中国政府的预判。然而，中国的战术是打牢（根据地）基础，然后才有（农村包围城市）七成把握（柔的成功）。一味地追求（投资建设是刚）高增长而置民众的福祉（民生也是柔）于不顾，那不是中国的哲学和经济学。**失衡的超越是“动”，人民福祉保障是“静”。动静结合（互补）、刚柔相济才是中国的发展模式，即“太极模式”**。

一、经济社会中的“和”

经济社会中的“和”并非一团和气，而是家和万事兴。习近平主席在欢迎当时美国总统奥巴马访问时谈的“家和万事兴”，即是释放出治国理念。于是十八大后人民寄予新一届领导的改革诉求是什么？就是“和”字要解决的主要矛盾。如果用西方经济学是无法解释的。然而，中国哲学中的标本兼治、对症下药的方法和经济学中的投资拉动、营造环境、平衡产出的边际效益在此融合为双向拉动和全面制衡、平衡。反腐、扶贫，经济发展回归到重视人民的福祉。整治环境，整治政风和社会风气，回归平衡到人民对美好生活的需要上来，重点解决不平衡中失衡的要素，既要发挥市场的决定要素，也要发挥政府的作用要素。

这种“和”来自供给侧结构性改革的深入，也来自反腐巡视力度的提升，更来自人民对美好生活的需要。家和万事兴，这个家就是人民的国家。

二、平衡人民对美好生活的向往

中国经济的崛起并非走的西方模式，其实是一种探索，是经过几代领导人和人民的努力和付出，体现了中华民族的坚忍不拔、勇往直前的“愚公精神”“女娲精神”“夸父精神”。因此，中华民族基因中追求美好生活和战胜困难的大无畏精神是世代传承的。

中国人是爱好和平的，更崇尚道德的高尚，也更热爱美好生活。虽然西方异化的消费理念带来了一定的腐蚀，然而中国历史上曾经有过两三千年的发达经济历史，古代文明中的生活方式和艰苦朴素，同时融入民族基因中。当社会主义市场经济与民族基因融合时，激发出民众的需求欲望，便产生了边际效益。追求时尚和美好生活的需求拉动了市场消费，也就创造出了市场商机和动力。

中国共产党从成立以来，领导全国人民的奋斗目标就是不断地满足和平衡全国人民实现美好生活的愿望（需求）。因此，中国共产党完全有别于西方政党。面对泱泱大国差异巨大的经济基础和民风民俗，要实现攻坚克难、向富强迈进，没有几代领路人带领下的探索奋斗，怎么会有今天的成就呢？这是中国共产党人从来没有变的宗旨，即为了人民过上美好的生活。

三、中国模式中柔与刚的平衡

从经济学揭示的经济社会发展规律看，柔与刚的平衡应该是一种对中国经济社会实践的总结和认证。那么，平衡经济学中的欲望平衡理论所揭示的失衡（倾斜）、制衡、平衡发展规律就是对社会主义经济建设过程的验证，更是对改革开放40年过程的验证。

中国经济模式中的倾斜与失衡突破就是太极中的刚；制衡和平衡就是太极中的柔。中国经济发展的“太极模式”即平衡经济学模式。一招一式、有板有眼、点到为止。倾斜是为了突破，有主题和阶段重点（有板有眼），失衡（点到为止）有度控制，掌控好度（临界点）是关键。区间控制非常重要，历史上的几次经济滑坡都是调控失衡所制。失衡是刚性过度，也是柔性失衡（缺失）。如何保持适度的调控？重点是要遵守平衡经济规律，掌控好各类经济要素间的平衡关系和规律，防止过度和失衡。宏观上要保持平衡，微观上倾斜和失衡要控制在合理区间内，否则超出了（过度了）经济社会承受能力就会滑向相反的一面，就会出现危机或崩溃。

中国经济自从“一五计划”开始打下工业化的基础，到卫星升空、原子弹试验成功，建立和拥有完整的工业体系和国民经济体系；从改革开放开始富起来，又跨入建设富强国家的新时代，每一步都渗透着中华民族文化的精髓和文明，柔与刚得到了很好的诠释，见证着冲刺探险与平衡。

第三节　刚柔平衡，欲望动力的突破

中国文化中的刚与柔，在西方人看来似乎是博大精深，含蓄而内敛，看似无形却有形，它是平衡文化不可分割的一部分。

一、中国太极文化的临界定律

中国太极平衡文化的临界定律，概括了中华文化中的含蓄、内敛、兼收并蓄、博采众长、求同存异等平衡文化要素，也包含了失衡和制衡反弹性压力文化内涵，这种压力反弹性文化，实际就是平衡经济学的临界度定律。临界度即平衡度，也是压力度，一旦突破了这个度，就会产生新的变化，哲学上也叫质变。平衡临界度先是由失衡量的积累达到一个平衡点，即平衡度，然后发生质的变化，这个变化就是压力点的反弹突破。在中国文化中就有“穷则思变”“物极必反”等压力反弹文化，讲的都是平衡临界度定律。

在市场经济的主体要素中的（失衡制约）软要素也属于文化要素，是太极文化中的“柔”，包括主体之间的应对策略等制衡要素，属于主体之间平衡存在的要素条件，就是临界度，也是平衡度。

在中华文化中的“富贵不能淫，贫贱不能移，威武不能屈”(《孟子·文公下》)。其实质含义就是平衡临界度定律，富贵了心也要保持平衡，多做善事，多积德，不能失衡、荒淫无度；贫穷了不能因此低沉变得失衡，贱卑低下，要穷则积累能量、发奋努力去改变；在强（国）人面前不能意志屈服，要韬光养晦，收敛锋芒，卧薪尝胆，即隐藏潜能，以利厚积薄发。

这就是中华民族基因文化中的平衡经济临界度定律，也是平衡定律，看似很容易解释其含义，但真正把它与社会经济发展规律结合起来进行诠释，就模棱两可了。正是这种平衡经济学中的平衡临界度定律，在操作运用时采用了虚实双标准，即“上有政策，下有对策”应对标准的双重性而使得西方经济学家对中国经济发展模式提出了质疑，即西方经济学遵循的标准是实的，而中国经济发展模式中，包含了虚实结合的“太极文化”在里面，但这里的“虚文化”实际是“柔文化”，形成了中国经济发展模式的“看似无形是有形，有形之中含无形”的规律。

为此，认可的不多，反对的不少。其实，规律是人们在实践中挖掘、整理、总结、揭示出来的，同时又是经过反复的验证过程，最后上升到理论，得以推广并被后人遵循。那么中国人的“柔”文化是否有规矩可寻呢？答案是肯定的，这就是社会平衡经济理论中，在制衡道德底线（临界度约束）内逆向思维（欲望）的创造力，它会突破现存硬件要素条件限制，发挥无限的主观能动性，去挖掘、去突破、去创造。这是中国“太极文化”中所具有的放射性逆向思维方式所决定的，中国人把这种“柔”文化称作“情商”，也是中国特色。

二、经济平衡要素规则与创新

中国人的务实和务虚都是在中华民族的历史演变和发展中形成的，都不是空中飞来的。只是许多西方学者并非真正了解中国人，如新中国成立初，西方预测机构的预言家就预测：“中国无法靠自己的力量养活自己。”其实他们是按正常的经济运行规律和资源供给结构、人口需求等要素进行的研究、推断、论证，结果无效。因为中国选择了一条不同于西方世界的发展模式，在一片战争的废墟上创造了奇迹，中国人靠自力更生养活了自己。新中国成立十周年时，中国已经建立了社会主义工业化的基础门类和完整的初级工业体系。

1978 年中国的改革开放开始了，受到了来自国际上的高度关注。于是西方顶级的研究预测机构的专家们又通过论证，给出了结论。中国全面实现四个现代化需要大量的投资及资本注入，中国在国际上能换取财富的资本（原材料）有限。中国庞大的经济现代化发展规划需要上万亿美元，靠中国人自己的资源，用原材料换取资本是根本不可能的。1978 年中国的 GDP 只有 3678 亿元人民币，人口 9.63 亿，年人均 GDP 只有 156 美元，而当时的美国人均 GDP 是 1.06 万美元。这个天文数字般的差别，无法与中国要用 30 年至 50 年时间实现国民经济的现代化发展相联系，更无法与社会主义现代化和全面实现小康相吻合，甚至要进入世界经济体的前列更是不可能。然而，中国人在国家改革开放利好政策指引下，面对现有的基础条件，发挥中国人的智慧（主观能动性），创造出劣势（人口多）变优势“三来一补”等，从外贸加工到自己制造，从自己制造到与世界品牌合资，又到兼并赶超，从自我研发到互联网平台共享，一路走来，直到看不见对手在那里（互联网跨界竞争时代：打败你的不是同行对手，而是无知，即学习的速度慢了）。中国人的发展观：在重视科学的基础上，发挥人的创造力，变基础劣势为人的优势，这是西方经济学忽视了中国人的要素。中国人是中国最大的可变资本。到了2017年底中国的GDP突破了82.7万亿元人民币，中国经济占世界经济的比重达到15.3%左右，对世界经济增长的贡献率为34%左右，成为世界第二大经济体。中国人均GDP已达到了8826美元；美国2017年人均GDP达到了5.95万美元，这样的数字，让西方的预言家们又傻了。中国40年间，人均GDP增加了56.6倍，美国40年只增加了5.6倍。因此，美国人急了，认为西方经济学出了问题，采取了无理由（否定了自己定的规则）制衡中国。

那么中国是如何积累财富的呢？经济发展背后的驱动力和创意又是来自哪里呢？这些都让70多年前就关注中国、研究中国，为中国量身定制经济要素发展菜单的世界顶级预测机构的专家们反思，中国这种发展经济文化的思维方式，似乎违反常理，中国人的规则创新，其实是一种虚实结合的经济运行规则，他们百思不得其解。

为什么采用最具活力的自由经济要素体系规则，对中国进行预判、分析、论证的结论会失灵？他们采用中国的经济条件要素进行论证没有错，而且40年来，他们没有间断跟踪分析，他们的办公机构就设在中国，但他们的预测还是失灵了。

三、中国文化的“柔”，让欲望动能发挥到极致

中国太极文化中的“柔”是欲望、是量的积累、是蓄势、是聚能，也是无形的经济要素，即软实力经济要素，而有形的要素就是资源，是硬件基础设施等外在有形的发展现状，是太极文化中的“刚”。这些让预测专家难以理解，他们是按规则要素发展作的预测，在他们看来，那只有一种可能就是中国人不按规则出牌。于是，他们便把“中国人不讲规则”的帽子扣到了中国人头上。

中国人是讲规则、讲科学的。只是中国这种虚实结合的规则他们没有科学地挖掘总结出来，形成量化的要素。也就是说他们不懂中国人发展经济的“虚文化”规则。“虚文化”也是要经过净化提炼的。

中国人运用得如此娴熟的规律包含在中国的民族基因文化当中。就是太极平衡规律。看似轻柔，实则含着张力和能量，其中充满了对经济发展态势的推理判断并掌握着正向和逆向的火候和张力，这火候和动力点就是量化的要素和平衡点，把它上升到理论，加以数理推导，就是一个动静结合、以不变应万变的定律，也是中国的兵法、中国的战术，是儒道文化，这就是“虚实结

合”的中国式章法和套路。这里面的观察、判断、分析、推理蕴含在内敛、借鉴、兼收并蓄之中，也包含了欲望的自我激励、自我加压、自我调节、自我提升，出手便是抢占市场的商机，并且自我（人为）创造出市场商机。这就是虚实结合的“柔”文化，将欲望的动能（主观能动性）发挥到了极致。

第十七章　平衡经济学与科学社会主义实践

中国经济的发展崛起实践，验证了一条在中国共产党领导下的社会经济的改革开放实践之路。而这条道路在砥砺中前行，终于再次验证了马克思主义政治经济学的科学发展观，即生产力学说和唯物史观，作为调控平衡方向的方法论、实践论和价值体系都得到了充分的检验和发展。

第一节　在探险实践中砥砺前行

新中国的社会主义经济建设经历了高峰和低谷实践的全过程，可谓一波三折，然而在中国共产党领导下，一代接一代地努力探索和实践，砥砺奋进，终于迈进了建设世界经济强国的行列，向着中华民族伟大复兴的梦想进发。

砥砺，从字面含义是磨刀石、磨炼、勉励之意。中国社会经济的发展与实践可谓是磨难波折、失衡与困惑，然而中国的政党和人民并没有停止探索的脚步，而是在磨难中锻炼和提升，在勉励中携手共进。这就是中国模式的主流。

一、社会经济发展规律的探索

新中国自成立以来对经济社会发展规律的探索，从来就没有离开对社会生产关系中人的要素的研究，以及人与市场中其他要素的关联作用。前几章所论述的资本、利益、行为、欲望的推理逻辑要素作用于市场经济社会，驱动和改变着社会经济的运行，提升经济社会的形态和财富层次的等级，显现出它的边际效率及人文创造力的提升，最终促进了社会发展和进步。

因此，面对中国这个庞大的经济体运行系统的变化形态，**一管就死、一放就乱的初级管控模式，其实是缺少科学和没有抓住主要矛盾及未能掌握其发展变化平衡规律所致**。

对于失衡、过度、盲目、冒进的违背规律科学的作为和严重失衡、危机甚至崩溃的制衡管控，如何开展决策行为？历史实践已经揭示了它的发展规律，即**和平发展的平衡经济规律**。

此规律揭示了人在其中的关键作用，即人在经济社会发展的每个阶段其主流思维和与之相适应的主流（大多数人）需求之间的平衡。然而过去信息封闭的社会具有高度的差异化，也就形成了世界经济发展的多极化，同时也形成了不同的地域文化。随着全球化的进程加快，封闭的社会经济体被逐渐打开，不管是殖民，还是掠夺，人类社会在一次次的发展、失衡、危机、崩溃中（用代价换取）获得了新的发展和新的文明。这种用某种代价换来的社会发展进步成了一条社会经济发展规律。

但是，难道社会经济发展进步的每一次都要人类付出那么大的代价？就没有缩小代价的规律吗？于是中国历代领导人都在努力探索寻找这样一条发展规律，或称中国模式。这就是马克思主义在中国经济社会发展中的实践，虽然中间一度出现了盲目、教条和冒进，但探索努力仍在继续。以习近平同志为核心的党中央在总结过往的基础上，又重新探索出新时代的新理论和新的价值体系及发展路径，重新寻找出它的存量和变量在新时代背景下的互补关系，探索新时期的社会经济科学发展规律。

二、科学发展理念的新学说

新中国自成立以来就面临着人口和就业的两大难题。在新中国成立之初，从农业国向工业国转型的过程中，面对的是战争废墟和落后的农业社会，在困难和挫折面前靠的是信仰和理想，依靠的是人民和执政党的领导，解决了人民（城市和乡村）吃饭的问题和城市人口就业问题。中国靠的是自力更生。然而在当时体制的探索也并没有固定模式，也在国营企业下延伸出了公私合营、大集体、附属企业（小集体）等。在当时产权国有机制体制作用下，国家的负担过重，随着人口的增长，吃饭和就业矛盾突出。

面对突出的矛盾和困难，国家开始了改革开放，由计划经济改革过渡为市场经济。经过了40年的奋斗，曾经的人口和就业难题（社会主义），转换了一个方式，在市场经济开放的条件下就变成了优势，中国靠“三来一补”的廉价劳动力资源赚取了第一桶金，解决了就业和吃饭问题。当今中国已进入新时代，人口资源又成了消费优势，十三亿人口的消费平抑了出口过剩的危机。人口优势带动了乡村旅游和海外旅游市场的繁荣。“一带一路”又提升了中国的制造业和海外市场，科技创新又促进了国家产业升级。

现在的中国经济机遇与挑战并存。一方面科技进步、产业升级催生出新的商机和优势，另一方面发展的不平衡不充分矛盾仍有待解决，这就是当今的社会实践。马克思主义的科学发展理念就是要尊重社会实践和发展，按照经济社会发展运行规律和法则去实践应用，做到引导有效、尊重自然的和谐平衡，遵守经济运行的科学规律，在探索实践中砥砺前行。

第二节　新时代的发展主题

社会平衡经济学的理论探索是对新中国经济建设和改革开放实践过程的聚焦，包括失衡突破、失衡过度、代价产生、制衡要素、制衡与平衡等。当中国经济发展崛起的速度已超出人们的想象之时，不平衡不充分的矛盾成了新时代矛盾平衡的重点。

一、解决不平衡矛盾成为新时代的聚焦点

过去二十多年当中，我们研究宏观市场经济学理论时，无论是从结构还是供给、信贷、价格、分配及承包制和股份制等诸多方面，对其相关联的平衡要素之间的规律探索少之又少。随着不平衡矛盾的聚焦和突出，我们已经到了不平衡危机制约发展的地步。于是，党的十九大果断提出新时代社会发展的主要矛盾变化的定论，聚焦到国家发展的战略高度。

一个研究者探索和发现其社会经济发展不平衡的矛盾和因果关系及规律时，是一个量变的发现过程。而发展不平衡的矛盾上升到国家的聚焦高度无疑是产生了质变，是人民福祉的福音。新时代所要解决的不平衡矛盾涉及经济社会的全方位发展以及同时所需要的均衡发展，如果要适应这个变量发展，应该顺应其变量，平衡其发展存量。

二、解决不平衡问题的重点

不平衡问题即经济社会发展的失衡问题。失衡就是社会经济发展过程中付出的代价。在本书的理论部分已阐述过，代价背后是失衡的欲望推动利益行为所形成的积累。积累所形成的不平衡在新时代中主要聚焦在三个方面。

一是分配的不平衡。重点是城乡收入分配差别过大的问题。中国基尼系数已突破了 0.4 以上，甚至最严重时达到了 0.49 以上。2012 年以后，由于中央狠抓精

准扶贫工作，才出现好转。这里有统计方面的误差，特别是统计农民收入时，很大一块是进城务工的收入。其实，这是城市收入转农村收入分配的统计中城乡收入分配的混淆。

但总体来说，分配不平衡的差别比例取决于农民。因农民人口接近9亿，其中进城的农民工就有近3亿多。农民人口数量占中国人口的三分之二。这也是新时代解决不平衡矛盾的重点。

二是分配不平衡的重点是社会资源分配的不平衡。在过去的改革开放过程中，许多企业和个人获得的财富高收入（效益）靠的是占有和垄断资源。如开发商的土地、煤老板的矿产、网络的平台许可准入等资源型的占有和垄断。从而也导致了一些企业缺少法律意识和社会责任，单纯以靠资源驱动为目的获利，而普通人只能望资源而无奈。

三是权力分配的不平衡。法律规则缺失，存在约束限制的盲点和漏洞，导致权力和利益的不平衡，即缺少制衡。如前面章节所讲述的：公务员、事业编制、聘用制、合同制、临时工、国企、外资企业、民营企业等多层次发展中，同工不同酬、同岗不同编而不同酬的现象存在且有扩大的趋势，导致分配不平衡。

我们赞同多种形式的混合经济模式对社会经济发展的贡献，提倡多种经济模式共存，不赞成在政府、企业内部同岗位的编制差别导致的收入分配差别而引起的不平衡矛盾，从而产生负能量，以及引发负效益。

以上三个方面的不平衡导致的腐败温床和权力寻租土壤的存在、利益集团垄断的存在等现象，都是改革还没有充分到位的不平衡问题的表现，致使贫富差别悬殊、阶层分化。

第三节　新时代解决不平衡矛盾的动力

新中国成立初期和改革开放初期的经济社会建设成功得利于中共的一大批坚定信仰的无产阶级革命家。他们大公无私、甘于奉献、一心为党为国为民、忠于职守。他们推动了新中国成立后的社会经济建设和发展，也推动了改革开放，完成了从站起来到富起来的中国经济的成长过程。他们的信仰意志推动着为公的欲望、为民的理想、为之奉献的行动力和执行力。

而今新时代的执政党面对已经富起来的社会，如何保持再创辉煌的动力和执行力去奉献和付出？取决于"60后"、"70后"、"80后"出生的国家各级政府的领导人的内生动力。

一、不忘初心，保持使命感的动能

富起来的中国面临着做大的蛋糕如何分配的问题，这是新时代的重点。首先是完善国民收入的初次分配，要效益兼顾公平，又要与时代标准同步。其次要改革国民收入的再分配（社会再生产）机制。这些失衡矛盾的解决牵涉社会的各方面利益，处理各方面的利益关系就需要社会的公平、公正和平衡。因此上有好政策，还需要下面基层有坚定的执行力。这样制衡和平衡的机制必须完善到位，一样都不能少。

好的执行力就是推动改革分配到位的动力。人的因素第一，就需要一大批勇于奉献，甘为人梯，不忘初心，大公无私的执行者。

在新时代能真正脱颖而出的是一个有强大执行力的政党。完成这样的使命担当，才能体现公平、公正、公开、透明的国民收入再分配（社会再生产）过程，平衡社会矛盾、激发创新创造的社会活力。

中共十九大已明确反腐永远在路上，底线思维、红线思维永远警示（制衡）着执政的责任担当。制衡机制以及法律、制度、准则的完善，强化着担当意识。这也是对欲望的抑制和纠正。抓住了欲望动能预防的根本，执政才能保持初心不改、本色不变。

二、区域经济社会与人口配比的平衡

中国经济社会飞速发展的过程源于一种利益的失衡驱动和聚集辐射的增长效益。最近国土资源部发表了一个普查统计，改革开放期间，中国城市群发展的速度与增长规模并非均衡。长三角、珠三角、京津唐三大城市群脱颖而出，成为三个公认的国际增长极。其扩张的速度与规模、效益均领先于其他地区城市群，甚至差别巨大。这种不均衡状况导致中国的人口（包括精英人群和农民工）向这三大城市群聚集。而随着人口流动差别化的聚集，三大城市群的高物价、高房价、交通拥堵、入学难、就医难、住房难等诸多问题也暴露出来。三大城市群集中了全国近三分之一人口，而东北及西部地区出现了经济增长缓慢，甚至是人口缩减的状态，并且结构不合理，靠原有的资源已很难维持经济发展，找不到新的增长点，仍以传统制造业和资源型产业为主，高新技术和知识型产业明显落后。

这种区域的发展失衡导致的人口聚集失衡，难以靠市场经济自动调节，市场是驱利的。这是新时代国家所要解决的战略布局和城镇化建设的重点。

失衡的布局实际是资源和效益的浪费，但这种看似局部的浪费却营造了整体的平衡。中国高铁串联起的高速铁路网形成的是战略平衡的布局。看似西部高铁不如东部效益好，但它体现的是国家平衡效益。新时代的发展不平衡矛盾的解决由政府引导作用的发挥、基础设施建设布局、市场决定作用以及人的欲望动能的推动、调节、平衡流转来实现，其实是政府加市场再加上互联网信息化的平衡便利调节，将区域产业与资源技术的匹配改进改造相结合，来共同解决区域的不平衡矛盾。这也是中国科学的社会主义市场经济模式的实践。

三、解决改革不充分是不平衡矛盾解决的突破

不平衡矛盾的存在，是改革不均衡不充分不到位所致。而利益是改革动力，利益后面是欲望的动能。当利益的格局被打破，才发现市场经济的竞争其实是表象，企业及经济体的（欲望）最终目的是实现控制垄断市场、取得话语权。这就给我们区别和研判代价付出的归属提供了理论依据。这也是解决不平衡矛盾的关键。

过去的失衡是以人民利益为代价，是盲目相信市场的取舍平衡，其实这是自由资本主义理论假象的误读。它们最本质的（欲望）目的是市场垄断控制和话语权。而学界却把自由竞争这个中间环节当成了结局来阐释。其实结局要由政府和市场以及民众来共同平衡，缺失了任何一方都会失衡。因此，不平衡矛盾解决的重点是解决经济主体失衡缺位的问题，具体的就是解决平衡人民的主体地位权力问题，同时也要解决政府的到位、不缺位、不越位问题和企业的作为和社会责任问题。

主体问题的解决是建立在改革的深化和社会责任与权利的全民共担共享之上。这才能保证社会的进步和经济发展目标的全面实现。

第四节　国家法制的保证

一个平衡和谐的社会，必须有一个平衡的法律做保证，并发挥对社会的失衡进行制衡和平衡的保证效用。

中共十八届四中全会作出决定，在中国建立宪法宣誓制度，加强宪法实施。规定要求在全国立法、行政、司法机关的工作人员任职时要进行宪法宣誓。国家工作人员必须树立宪法意识，恪守宪法原则，弘扬宪法精神，履行宪法使命。

同时国家设立宪法日，以宣传弘扬宪法精神。在全国各级人民代表大会及县级以上各级人民代表大会常务委员会选举或者决定任命的国家工作人员、行政、执法人员中，进行增强宪法权威神圣意识的教育，让宪法平衡作用的威严警示保证国家的发展与平衡。

十三届全国人大一次会议上宣告（通过）成立国家监察委员会，对国家公职人员监察全覆盖，形成了对执政党公职人员执政监察巡视制衡的法制保证网。

国家机构设置改革依照人民需求为第一要素，坚持以人民为中心，坚持依法治国，加强中国共产党的全面领导，以国家治理体系和治理能力现代化为导向，优化国家机构职能。十三届人大一次会议上通过了国务院机构改革方案。此方案解决了国家机构设置和职能在市场资源配置中起决定作用的问题，破除了阻碍政府作用的失衡体制机制弊端，围绕推动高质量平衡的社会经济发展，建设现代化的经济体系，加强和完善政府对经济的平衡调节、市场监管、社会管理、公共服务、生态保护职能。

这是新时代中国推进改革的重点领域和关键环节，即市场主体政府机构职能的优化和调整。构建起了适合新时代市场和社会要求的政府职责和行政治理体系，提高了政府的作为和执行力，有利于建立以人民为中心、让人民满意的服务型政府，用法律的监督（制衡）和平衡来保证建设富强民主文明和谐美丽的社会主义现代化强国的如期实现。

结　论

“我们想要一个怎样的城市，这个问题与我们想做怎样的人，追求怎样的社会关系，珍惜怎样的人与自然关系，渴望怎样的生活方式，抱持怎样的美学价值是分不开的。”（引自戴维·哈维《叛逆的城市》）这不仅仅指城市，也可以指社会和国家。中国的经济改革开放已经过了40年，我们一直在探索和自问，我们想要什么样的国家、社会、城市、乡村和生活。

资本，我们并不陌生，年轻时就读过马克思的《资本论》。当资本推动着市场经济社会衍生出的道德缺失，推动着经济向前发展之时，失衡的征兆已经显现。面对世界的失衡和消费、需求、道德的异化，中国的经济改革发展无疑探索出了一条解决之策（或者说是一条定律）。**这就是市场经济主体间的功能运作和关联制衡与平衡规律。这条规律是一个动态的运动规律。即在社会经济发展流通运动过程中市场经济各主体政府、企业、员工之间的均衡发展。这种发展是动态中的平衡，即平衡体现在过程中。过程又是分阶段的，有倾斜、失**

衡甚至严重失衡。但这一阶段的过程必然要有制衡、限制，最后达到平衡。所以，就阶段而言，失衡是绝对的，而平衡是相对的；对过程而言，失衡、制衡、平衡形成了一个发展过程。假如最后没有达到平衡，那么这个过程就失败了（如东欧剧变即失败）。

那么问题就是主体之间的功能定位是否准确，主体之间谁为主导？这个问题人类探索了几个世纪。

首先，政府的功能定位在经济上和从历史上分析，似乎欧美发达国家是成功的。但近几年来的经济全球化，让发达国家政府受到左右翼经济派别和政客团体利益的严重干扰。现在世界上右翼势力抬头，反全球化席卷欧美大陆，贸易保护主义抬头，对外以反恐为名实施经济制裁加导弹政策；对内种族势力抬头，国内冲突不断。中国经济在此时改革崛起，抓住的是何机遇？定位的功能和边界是什么？是由谁来主导？

中国是一个以共产党为执政党的社会主义国家。新中国成立初实行社会主义改造式的计划经济体制。经济以全民所有的国家计划进行调节，全国一盘棋，东西南北中均衡发展建设，一切由国家调控平衡。生产与社会再生产都以国家为主，即国家包办一切。此时是弱市场、强计划（国家引领需求）。这种体制的特点是国家的计划调节集中了全国的资源（包括自然资源、技术资源、人力资源），根据国际国内和民生、政治、军事需要制定发展（生产）计划。这种体制强化了国家政府主体和人民主体地位。而企业只是计划的附属执行者（没有自主权和产权）。

从效率利润上看，这种体制能极大地调动民众的积极性（指工商业、农业除外），效率和利润也大幅提升。当时民众以奉献为荣，价值创造出现了当时的奇迹（包括工程质量），如首都十大工程（工程质量经过了半个世纪的考验）和全国156项工业大项目，包括机械制造（车床、汽车、飞机）、军工制造（包括核武器）、轻工纺织、电子科技、煤炭钢铁、石油化工等等覆盖了所有的工业领域。

在中国经济改革开放的40年时间里，经济发展的奇迹也是伴随着纠结和探索进行的。到底市场经济的发展的动力是什么？市场的主体又是什么？如何定位才科学、合理、正确？我们可以说40年或者近70年的探索结果是：**国家（政府）是市场经济的绝对主体，起着为经济保驾护航的监管、平衡、服务作用。它调控国家的发展计划和经济发展取向，同时又要平衡民生保障和国家治理及国家守卫。那么，它的边界是什么？这个很重要。这里主要谈的是经济市场边界。过去失衡就是经济边界失衡（跨界或越界）。保持社会经济发展的平衡和生态环境平衡及民生保障平衡是国家（政府）这个主体边界内的职责，一定要到位而不缺位和越位。**

关键的是政府要把握住两个方面，一是国家对国民的政治要求和社会管理（爱国、爱家、爱社会、爱中华民族、守法、守规），这属于国家社会要求，在整个社会领域范围内覆盖每个公民。经济管理（政府在市场中的定位）方面要理清政府定位。二是国家政府如何保持（执政党的）清廉职业操守。打江山易，守江山难。职业要严格职业操守，而政府工作人员必须要讲政治，要忠诚，这也是他们的职业职责。政府工作人员如果不讲政治只讲利益，那就是与民争利。所以重要的是守好政府的（对公职人员约束）边界。这就是宪法所规定的边界。

企业是市场经济的主体之一。生产什么？投资什么？都由企业的决策者根据市场发展需要和国家的倾斜政策进行分析预测、判断决策确定。一切盈亏由企业自己承担（经营自主、盈亏自负）。企业之间的衍生产业也是由企业间自主选择（如发展采用现代科技、互联网、人工智能等技术），都要根据时代的发展和趋势的变化来自主决定，同时也要根据宪法规定履行其公民（企业家）的社会责任，接受政府指导服务（不是干预）。

那么，企业的边界是什么？我认为有两点：一是社会边界。企业家（资本家）对社会的贡献（纳税）得到社会的认可（企业家精神）。企业家在社会上也可以公民身份参与政治（如加入党派的自由等）。但在法律面前人人平等，没有特殊，否则属于越位，这就是超出了企业市场经济主体之外的定位（现在这类问题还是存在）。二是企业内部的员工利益，企业家在投资发展生产（服务）的同时，也要按照国家规定的法律法规执行员工利益保障，合理制定员工的工资标准（不能违法），否则就是对员工（人力资本）的侵权，即主体越位。这也是经济发展失衡的一个重要关键点。

经过长期的社会经济实践，特别是改革开放以来的探索，中国已明确了定位，即社会主义性质的市场经济国家。但关键的是执政党和政府内部要严于律己，保持住干部清正、政府清廉、政治清明的为民本色。清廉而作为，到位而不越位，**人民的利益就是政府最大的利益。这是平衡经济、平衡社会的制胜法宝**。要实现法律和制度管人、管事，公开、公正、公平、透明、高效。

企业也要追求不断创新、不断发展，在自己的边界内演绎华彩的乐章。员工要守护好自己的边界和权利，去创新创造更美好的生活，不断充实人生的信仰和人生的能量。

一个平衡的社会自然会产生强大的能量（正能量）。平衡、和谐、心情愉悦，就会产生无尽的潜能。因为在社会的发展中，失衡会消耗掉大量的能量，而平衡则会释放出大量的能量。同时，主体之间的能量是互相影响的、互相传递的、互为作用。平衡时会产生整体的能量，即群体（共同）能量、国家的能量。为什么国家兴盛之时（平衡时），我们会取得那么多辉煌的成就呢？那样多的科技成果，那样多的世界第一，那样多的奥运金牌，这与国家的能量平衡集聚、企业的上升能量和个人奋斗的能量聚合在一起的结果是分不开的。这就是平衡的能量场效益。制衡就是消除负能量，平衡就是增加正能量。一切社会体制的解体都是由于内部的失衡（正能量流失）所导致的。外部是无法击溃一个平衡（正能量强大）的社会体制的。树立起发展意识、平衡意识，维护好时时保持聚能的平衡状态，守护平衡好社会主体的凝聚力（正能量），这就是国家强大的法宝。

图书在版编目(CIP)数据

经济崛起与社会平衡/张保德著. —上海:上海人民出版社,2019
ISBN 978-7-208-15470-4

Ⅰ.①经… Ⅱ.①张… Ⅲ.①中国经济-经济改革-研究 Ⅳ.①F12

中国版本图书馆 CIP 数据核字(2018)第 225817 号

责任编辑 张晓玲 肖 峰
封面设计 陆 弦

经济崛起与社会平衡
张保德 著

出 版 上海人民出版社
(200001 上海福建中路 193 号)
发 行 上海人民出版社发行中心
印 刷 上海商务联西印刷有限公司
开 本 890×1240 1/32
印 张 7
插 页 4
字 数 124,000
版 次 2019 年 4 月第 1 版
印 次 2019 年 11 月第 2 次印刷
ISBN 978-7-208-15470-4/F·2558
定 价 68.00 元